Karl Wartenburg

Eine vornehme Frau

Roman aus der Neuzeit

Karl Wartenburg

Eine vornehme Frau
Roman aus der Neuzeit

ISBN/EAN: 9783743466203

Hergestellt in Europa, USA, Kanada, Australien, Japan

Cover: Foto ©ninafisch / pixelio.de

Weitere Bücher finden Sie auf **www.hansebooks.com**

Eine vornehme Frau.

Roman aus der Neuzeit

von

Karl Wartenburg,

Verfasser von „Die Väter der Stadt" und „Gerichtet und gerettet".

—·—

Gera.

Verlag von Ißleib & Rietzschel.

1868

Seinem lieben Freunde

Albert Traeger

gewidmet

von dem

Verfasser.

1.

Es war eine steile, enge, finstere Treppe, kein Licht=
strahl erhellte sie. Und doch flogen zwei kleine Füße so
schnell und sicher die ausgetretenen, steinernen Stufen
hinauf in das dritte Stockwerk — hätten wir sagen
können, wenn nicht unglücklicher Weise in demselben
Augenblick, in welchem die Füßchen über die letzte Stufe
huschten, aus einem Zimmer derselben Etage ein junger
Mann in lebhaftem Laufe die Treppe hinabgeeilt und
mit der kleinen Person zusammengeprallt wäre...

Ein helles Klirren von Glasscherben und ein leiser
Aufschrei folgten dem Zusammenstoß. „Ach, Gott, meine
Krone...“

„Sie sind es, Fräulein Adele? O, ich bitte tausend=
mal um Entschuldigung... aber auf dieser verwünschten
Treppe ist es finster, wie im Vorhof der Hölle... Was
zerbrach denn da... Ihre Krone sagten Sie?...“

„Ja, meine Krone... für heute Abend... für die
Rosenfee...“ seufzte das junge Mädchen bestürzt und
traurig.

„Für die Rosenfee?“ wiederholte er — zugleich
flammte ein Phosphor=Wachskerzchen auf und warf

helles Licht auf das junge Mädchen, auf die zerbrochene
Krone und auf seine Züge, in denen sich Aerger und
Theilnahme mischten.

„Aber Sie bluten ja ... Fräulein Adele ... oh, ich
Tölpel ... bitte, bitte, treten Sie einen Augenblick in
mein Zimmer, dort oben blicken sie schon mit ihren
dummdreist=neugierigen Gesichtern herunter ...“

Und noch ehe sie ein Wort finden konnte, hatte er
sein Zimmer aufgeschlossen und sie hinein genöthigt.

Auf dem Arbeitstisch brannte noch niedergeschraubt
die Studierlampe. „Bitte, setzen Sie sich hier ...“ und
er warf Papiere und Bücher von einem Armsessel
„und ... nur eine Secunde Geduld ...“ und rasch die
Lampe emporschraubend eilte er in das anstoßende
Schlafcabinet ...

Gleich darauf kam er mit einem Waschbecken von
weißem Porzellan und einer Leinwandbinde zurück ...

„Sie armes Kind“, sagte er vor ihr niederkniend
und einen Schwamm in das frische Wasser tauchend,
und ihn auf die blutende Wunde drückend.

„O, Herr Linden ... es ist nur ein kleiner
Schnitt ...“ flüsterte sie, während eine helle Röthe
über das blasse, feine Gesicht flog, dessen klare, sanfte
Stirn von dunkelbraunem, einfach glatt gescheitelten
Haar umrahmt war ...

„Ein kleiner Schnitt ... und das Wasser hat sich
schon ganz purpurroth gefärbt ...

... So, nun einen Streifen Heftpflaster und dann

die Binde ..." Sie stieß einen leichten Schrei aus...
„Thut es weh? .." frug er erschrocken zu ihr auf=
sehend. Sie hatte die Lippe zwischen die Zähne ge=
klemmt ...

„... Es ist Nichts ... es ist schon vorüber ...
ich glaube es ist noch ein kleiner Splitter in der
Haut ..." lächelte sie matt, den heftigen Schmerz,
den sie empfand, mit Anstrengung verbergend ...

„Noch ein Splitter ... das könnte schlimm werden ...
Fräulein Adele ..." und den Aermel des einfachen,
dunklen, wollenen Kleides ein wenig hinaufstreifend,
näherte er das verwundete Handgelenk der geschliffenen,
leuchtenden Lampenkugel ...

Sie erhob sich von dem Sessel. Es war eine
zarte, feine Gestalt, kaum von Mittelgröße. Ein ein=
facher, schwarz= und weiß=carrirter Shawl lag auf
ihren Schultern. In dem wolligen Gewebe perlten
noch einzelne Tropfen des Regens, der vom grauen
Herbsthimmel in seinem Strahl niederrieselte.

Eine weiße Schneehülle mit orangefarbigem Band
lag zurückgestreift nach dem Nacken hinab.

Sie war noch sehr jung; vielleicht achtzehn Jahr.
Ein schwermüthiger Hauch lag auf den blassen, feinen
kindlichen Zügen.

Eine Frage trat auf seine Lippen, doch er ver=
schluckte das Wort, und beugte sich stumm auf die
verwundete Hand nieder ...

„Sie haben Recht ... es ist noch ein kleiner

Glassplitter in der Haut . . . Da, sehen Sie . . ." und er hob ihn mit der Spitze des Federmessers aus der Wunde . . . „Und nun erzählen Sie mir, Fräulein Adele, was es für eine Bewandtniß mit der un= glücklichen Krone und der Rosenfee hat . . . "

Das junge Mädchen warf einen raschen ängstlichen Blick nach der kleinen Wanduhr.

„Mein Gott, schon fünf Uhr vorüber . . ." sagte sie . . . „und um Sechs muß ich im Theater sein . . . Was die Mutter sagen wird über mein Ausbleiben . . . Ich muß die Partie der Lilienkönigin singen . . . an Stelle des Fräuleins Schulz, die gestern Abend plötzlich krank geworden ist . . . Es ist das erste Mal, daß ich eine Solorolle spiele. Mir ist so angst und bange und nun das Unglück mit der Krone . . . Glauben Sie nicht, Herr Linden, daß es eine schlimme Vorbedeutung ist? . . ."

„Ach dummes Zeug . . . Wer wird so abergläubisch sein? Mein Ungeschick war daran schuld. Wäre ich nicht so hastig gewesen, so würde Ihr Schmuck nicht zerbrochen sein und Sie sich nicht verwundet haben . . . Vor Allem müssen wir sehen, wo wir ein anderes Diadem finden. Hoffentlich beim Zinngießer?" sagte er im Zimmer auf und niedergehend. Adele schüttelte weinend das Köpfchen.

„Es war das Letzte . . ."

„Es muß also eine Krone sein? . . ."

„Es ist so vorgeschrieben . . ." Ein verlegenes,

trauriges Lächeln spielte um ihren kleinen Mund; sie sah zur Erde nieder.

„Und nebenbei", fuhr er fort, vor dem jungen Mädchen stehen bleibend und einen raschen, forschenden Blick auf sie richtend, „nebenbei steht Ihnen so eine funkelnde, strahlenblitzende Krone vortrefflich zu dem dunklen Haar ..."

Eine flüchtige Röthe glitt über ihr blasses Gesicht.

„Nein, Herr Rechtsanwalt", sagte sie leise und ein schmerzlicher Blick ihrer Augen, die sich langsam vom Boden zu ihm erhoben, traf den jungen Mann, „es ist Vorschrift ... Befehl, ich muß. Es ist eine Qual für mich —" eine Thräne perlte an den langen seidenen Wimpern — „ich bin nicht für die Bühne geschaffen ... aber ich kann nicht Anders ..."

Der junge Advocat senkte nachdenklich den Kopf.

„Es ist hart zu müssen. Aber wo wäre der Mensch, der nicht einmal wenigstens im Leben dem Zwange des Müssens unterworfen war? Doch diese Betrach= tungen helfen uns jetzt nicht. Ihre Krone wird da= durch doch nicht wieder ganz ..."

„Wohl wahr", seufzte das Mädchen, „und es ist gleich Sechs ... Ich muß zur Mutter hinauf, sie wird sich ängstigen ..."

Linden war indessen an seinen Secretair getreten. Die unentschlossene, nachdenkliche Miene war ver= schwunden.

„Ich bin die Ursache Ihres Mißgeschicks, Fräulein

Adele", sprach er das Pult öffnend, „und muß wieder
gut machen, was ich verschuldet ... Ich habe hier
einen Kopfschmuck ... er gehörte meiner seligen
Mutter ... Es ist das Einzige, was mir von ihr
geblieben ... Meine Mutter war Sängerin ...
Kammersängerin am königlichen Hof und den Schmuck
schenkte ihr Prinzeß Mathilde nach einem Concert,
in welchem sie Beethovens Adelaide gesungen ...
Tragen Sie ihn für diesen Abend ... ich habe ihn
erst vor Kurzem beim Goldschmied restauriren lassen...
Gefällt er Ihnen?" Und er streckte den Schmuck,
das rosafarbene Seidenpapier, in welches er gehüllt
war, abstreifend, ihr entgegen ...

Den Lippen des jungen Mädchens entschlüpfte ein
Ruf der Bewunderung ... „O, wie schön ... wie
herrlich ..."

Es war ein Diadem in edler Form. Ein schwerer,
breiter, mattglänzender Silberreif, an der Stirnseite
in eine emporstrebende phantastische Blumenarabeske
auslaufend, die mit einem rothglühenden Rubin und
mit zwei blitzestrahlenden Diamanten geziert war.

Eine unwillkürliche Regung weiblicher Eitelkeit folgend, streifte sie ihre Schneehülle ab, drückte das
Diadem in ihr volles, dunkles, duftiges Haar —
und warf einen Blick in den Spiegel über dem
Schreibtisch.

Sie sah reizend aus ...

Aus dem Gluthfeuer der edlen Steine schossen seine

zuckende Strahlen hervor und woben eine Aureole um das Haupt des jungen Mädchens . . .

„Sie werden heute Abend wie eine echte Königin erscheinen . . .“ sagte Linden im Tone aufrichtiger Be= wunderung, „aber nicht wie eine irdische, sondern wie eine himmlische, eine Feenkönigin . . .“

Adele senkte bei diesen Worten das Köpfchen.

„Das Diadem ist zu schön für mich“, sagte sie mit einem wehmüthigen Lächeln, „ich darf es nicht tragen . . .“

Sie löste den Schmuck aus dem Haar und blickte gedankenvoll auf den breiten silbernen Reif, auf wel= chem in frischer Schrift die Worte eingegraben waren:

Seiner Clotilde zum 20. October

Victor Linden.

„Der Schmuck gehört Ihrer Fräulein Braut? . . .“ sprach sie die Augen auf die Schrift gerichtet.

„Er soll ihr gehören“, antwortete Victor, „in drei Tagen ist ihr Geburtstag . . . aber heute sollen Sie ihn tragen . . .“

Adele schüttelte verneinend das Haupt, das Diadem auf den Tisch legend.

„Fräulein Clotilde Weber ist schön, reich, vornehm, sie hat das Recht, ihn zu tragen. Ich bin ein armes Mädchen, eine unbedeutende Chorsängerin . . . mir ziemen nicht Diamanten und Rubine.“

„Ach, machen Sie mich nicht ärgerlich“, rief Victor und zwang ihr den Schmuck in die Hände, „Sie müssen die Krone als Lilienkönigin tragen, ich bin Schuld, daß die Ihrige zerbrochen."

„Was werden die Andern, meine Colleginnen sagen? ..." frug das Mädchen noch immer ängstlich zögernd und unentschlossen ... „O, Sie glauben nicht, wie verdorbene Gemüther es am Theater giebt, wie Alles, Alles besudelt wird mit giftigem, verläumderischen Geifer ... Wenn Sie wüßten, was ich Alles habe seit dem Abend dulden müssen, an dem mir der Theaterdiener im Namen des Herrn von Portheim das goldene Armband in die Garderobe brachte ..."

„Sie schickten aber doch dem Herrn von Portheim den goldenen Bettel sofort zurück ..."

„Freilich that ich das. Aber diese Menschen haben so böse Herzen ..."

„Beruhigen Sie sich darüber, mein Kind. Lernen Sie dieses Coulissengeschwätz verachten. Im Uebrigen können Sie versichert sein, daß es anderswo nicht besser ist, in der vornehmen, wie in der geringen Welt. Sehr viele Menschen sind so geistig arm, daß sie aus Langerweile sterben würden, wenn sie nicht tagtäglich irgend einen ihrer Nächsten seciren. Die Sucht zur Verleumdung und Klatscherei hat bei Weitem häufiger ihren Ursprung in der Beschränktheit des Kopfes, als in der Verderbtheit des Herzens ... Aber ich will Sie nicht länger aufhalten ... Sie kommen sonst zu spät ...", sprach er abbrechend, die Un-

ruhe des Mädchens bemerkend, deſſen Hand auf der
Thürklinke ruhte.

Sie ſtreckte ihm die Linke zum Abſchied entgegen.

„Guten Abend, Herr Linden … Das Diadem
bringe ich Ihnen morgen zurück.“

Sie huſchte hinaus …

Linden ſah ihr gedankenvoll nach.

„Armes Mädchen,“ ſeufzte er und ſtrich ſich mit
der flachen Hand über Stirne und Augen, „Du
trägſt auch Dein Kreuz durchs Leben und wahrlich
nicht das Leichteſte …“

Dann nahm er Hut und Stock und ſtieg langſam
in ernſten Betrachtungen die Treppe hinab, um zu
ſeiner Verlobten Fräulein Clotilde Weber zu gehen. —

Es war ein weiter Weg bis zur Wohnung der
Geliebten. Clotildens Vater, die Mutter war ihr früh
geſtorben, bewohnte im Sommer und Herbſt in einer
der Vorſtädte eine elegante Villa, die er erſt An=
fangs November verließ, um ſein Haus in der
inneren Stadt, unweit der Börſe zu beziehen. Herr
Weber war ein reich gewordener Kaufmann. Aus
einem beſcheidenen Colonialwaaren=Verkäufer war im
Laufe der Zeit ein großer, reicher Produktenhändler
geworden … Clotilde war ſeine einzige Tochter. In
drei Tagen vollendete ſie ihr neunzehntes Jahr …

Victor Linden war seit einem Monat mit ihr verlobt.

Es war ein fabelhaftes Glück, wie alle Welt sagte. Er, ein junger, unbemittelter, unbekannter Rechtsanwalt der Bräutigam eines der reichsten und schönsten Mäd= chen der Stadt.

Mit rechten Dingen ist das nicht zugegangen, sagten Viele, die den Zusammenhang der Verhältnisse nicht kannten . . .

In gewisser Beziehung hatten sie nicht Unrecht.

Zwei Thatsachen, die dem größeren Publikum un= bekannt blieben und deren Einzelheiten nur wenige der Familie Weber näherstehenden Personen kannten, hatten diese Verbindung wesentlich herbeigeführt. Beschäftigen wir uns einen Augenblick mit diesen zwei Thatsachen, die sich in die wenigen, aber ge= wichtigen Worte zusammenfassen lassen: Victor rettete Herrn Webers Vermögen und vertheidigte Clotildens Mädchenehre.

Es war ein Jahr vor dem Zeitpunct, zu welchem unsere Erzählung beginnt.

Die große amerikanische Geldkrisis war ausge= brochen und wie ein wirbelnder Sturmwind pflanzte sich die Erschütterung über den Ozean nach England und Deutschland fort. Unvergeßlich wird jener Herbst des Jahres 1857 in den Annalen der Kaufmanns= welt bleiben. Alte, hundertjährige Firmen wurden wie welke Blätter von dem Markt des Lebens geweht, die solidesten Häuser, deren Credit man für so un=

erschütterlich gehalten wie die Grundvesten der Erde,
stürzten zusammen in Gemeinschaft mit einer zahl=
losen Menge jener Kartenhaus=Existenzen, jener leicht=
sinnigen und unreellen Geschäfte, die nicht einmal auf
Sand, sondern auf Papier, auf ganz ordinairem Papier
aufgebaut waren, und deren Inhaber sich nur so lange
im Sattel gehalten hatten, weil sie die Kunst der
Wechselreiterei trefflich verstanden . . . Das Haus
Heinrich Weber wurde auch von der Krisis betroffen.
Es stand eine Summe von achtzigtausend Thaler auf
dem Spiel, die es in Folge eines Geschäftsabschlusses
mit einem Rotterdamer Haus über Kaffeelieferung zu
verlieren im Begriff stand.

In gewöhnlichen Zeitläuften würde der Verlust
dieser Summe Herrn Weber zwar empfindlich berührt,
aber keinen weitern Einfluß auf das Haus ausgeübt
haben. Unter den gegenwärtigen Umständen aber be=
drohte er den Bestand der Firma. In dieser gefahr=
vollen Lage wandte sich Herr Heinrich Weber an
seinen alten Rechtsbeistand, den Justizrath Hey.

„Hier kann nur persönliches Auftreten wirksam
sein", erklärte der Justizrath, „ich bin zu alt und
kränklich, um nach Rotterdam zu reisen. Ich will
Ihnen aber einen jungen Mann vorschlagen, der
einige Jahre auf meiner Expedition gearbeitet hat und
der ebenso gewandt als energisch ist. Es ist der
Rechtsanwalt Victor Linden. Hier ist seine Adresse.
Ich kenne Keinen unter allen meinen Collegen, der

sich für eine solche Mission in dem Grade eignete wie
Linden."

Am Abend desselben Tages fuhr Herr Weber in
Begleitung des jungen Advocaten mit dem Courierzug
nach Rotterdam, wo es der Energie, der Gewandt-
heit Lindens gelang, den Verlust abzuwenden. Herr
Weber gestand ihm offen, daß er ohne ihn verloren,
ruinirt gewesen wäre. In die Familie des Kaufmanns eingeführt, lernte er Clotilde kennen. Das
junge, schöne Mädchen erregte bald sein Interesse.
Ein Vorfall kam hinzu, der sie zum großen Dank
gegen ihn verpflichtete ... Auf einem Ball hatte sie
die Galanterieen und Huldigungen eines jungen Of-
fizieres aus augenblicklicher Laune, vielleicht nicht ganz
mit jener Zurückhaltung angenommen, welche die Sitte
fordert. Genug der Offizier, einer jener eitlen Menschen, die ihre kleinsten Triumphe bei weiblichen Herzen
alexandrischen Eroberungen gleichstellen, rühmte sich in
einem Kreis junger Männer, unter welchen sich auch
Linden befand, seiner Erfolge bei Fräulein Weber.

„Fräulein Weber behandelte Sie jedenfalls deshalb
freundlich, weil Sie glaubte, daß Ihre Uniform nicht
von einem Gecken, sondern von einem Manne getragen
werde...", sagte er zu dem Offizier. Die Folge dieser
Bemerkung war ein Säbelduell, dessen Ausgang den
jungen Offizier einige Wochen ans Bett fesselte und
ihm Zeit ließ über die Tugend der Schweigsamkeit
nachzudenken. Der Vorgang blieb Clotilden nicht

verborgen und steigerte ihr Interesse für den jungen
Advocaten, mit dem sie allwöchentlich einige Mal in
den Abendgesellschaften zusammentraf, die ihr, auf
seinen Reichthum stolzer und prunkliebender Vater gab.
So hatten Victor und Clotilde sich kennen und lieben
gelernt. Wohl hatte es einen Sturm gegeben, als
eines Abends die beiden Liebenden vor den stolzen
Kaufherrn traten und der junge Advocat von ihm sein
einziges Kind zum Weib begehrte, aber eben weil es
das einzige Kind war, vermochte Herr Heinrich Weber
nicht „Nein“ zu sagen, nachdem sie ganz entschieden
Papa versichert hatte, keinen andern Mann lieben zu
können . . . So mußte er denn seine Hoffnung, einen
abligen Schwiegersohn zu bekommen, aufgeben. Aber
warum hatte Baron Portheim, der junge Chef eines
der ersten Bankhäuser der Stadt, auch so lange mit
seiner Werbung gezögert?

Clotilde hatte freilich Herrn von Portheim sehr
kalt und fast zurückweisend behandelt, indessen konnte
ihr Papa dies nicht verdenken, so lange der Baron
bloß um sie herum scherzte und tändelte. Denn der
junge Herr stand allerdings in dem Rufe ein Lebe=
mann zu sein, der schon mehr als ein Mädchen durch
seine Huldigungen bloßgestellt hatte.

„Es ist ein Weltkind, von dessen Flügeln die rauhe
Hand des Lebens erst den bunten Staub streifen muß,
bevor er das Eitle und Thörichte seines Treibens
erkennt“, hatte des Kaufherrn Vetter, der junge Pfarr=

vicar Johannes Frommhold, kürzlich über Baron Port=
heim geäußert, „er ist aber dem wahren Heile näher,
als mancher Andere" und dabei hatte er einen finstern
Seitenblick auf Victor geworfen, „der stolz im Be=
wußtsein seiner Tugend nichts von der göttlichen Gnade
wissen will, ohne welche der Mensch in seiner Sünd=
haftigkeit für diese und jene Welt verloren ist . . ."
Victor erinnerte sich dieser Worte, als er durch die
Straßen der innern Stadt hinaus nach der Villa des
Kaufherrn in der Marienvorstadt eilte . . . Ein unan=
genehmes Gefühl beschlich ihn bei dem Gedanken, daß
der fromme Vetter, der seit einer Woche zum Besuch
in dem Weber'schen Hause war, dem heutigen Abend=
thee beiwohnen sollte . . . Auch Herrn von Portheim,
der die kleine Schauspielerin mit seinen Liebesanträgen
verfolgte, sollte er dort treffen. Der Commissionsrath,
diesen Titel führte Linden's zukünftiger Schwiegervater,
hätte nun einmal eine Vorliebe für den abligen Ban=
quier, dessen aristokratische Manieren ihm imponirten . . .

„Wenn doch Clotilde nicht reich wäre", seufzte
der junge Mann, „ich wäre viel, viel glücklicher . . ."
Er meinte es ehrlich. Der Glanz des Reichthums
wirkt, wie die Flamme des Lichtes: Beide ziehen
Schwärme von lästigen Mücken an.

Es schlug auf der Marienkirche sechs Uhr, als
Victor in die Straße einbog, in welcher die Villa
des Commissionsrathes lag. Der Herbstabend war
völlig hereingebrochen. Durch den dicken Nebel glühten

die Gaslaternen, feiner Regen rieselte von dem grauen
Himmel nieder, in den Gärten, die links und rechts
die Straße einrahmten, wirbelte der Wind das gelbe
Laub von den Bäumen und jagte es quer über das
Trottoir . . .

Eine schwermüthige Stimmung, die nicht selten
den frischen Lebensmuth Victors verdrängte, überfiel
ihn . . . Er beschleunigte seine Schritte, schon glänzten
ihm die Fenster der Villa entgegen. Er sehnte sich
auf ein paar Augenblicke allein zu sein mit der Geliebten, mit ihr zu plaudern, ihre Hand in der seinigen
zu halten, das Haupt an ihre Schulter gestützt . . .
Er warf einen Blick hinauf nach Clotildens Zimmer;
es war dunkel, die Fenster des Gesellschaftszimmers
dagegen hell erleuchtet. Die Schwermuth, die ihn zuweilen beschlich, war nicht ohne Grund, sie wurzelte
in seiner Vergangenheit. Sein Vater war ein ge-
schickter Bildhauer gewesen, dessen Werke ihm und den
Seinigen ein schönes heiteres Dasein hätten sichern
können, wenn er nicht der Leidenschaft des Trunkes und
Spieles anheimgefallen wäre. Er starb frühzeitig, der
jungen Wittwe, die eine gefeierte Sängerin gewesen war,
die Sorge der Erziehung für den einzigen Sohn überlassend. Und wahrlich manche bange Sorge hatte das
arme Mutterherz gedrückt, gefoltert. Während Victors
Studienzeit war die Revolution von 1848 ausge-
brochen. Mitglied einer burschenschaftlichen Verbindung
hatte er sich an der Volksbewegung betheiligt. Er

kam in Untersuchung, wurde mit mehrmonatlicher Ge=
fängnißstrafe belegt und erhielt nur mühsam, durch
Verwendung einer hochstehenden Dame, der Prinzeß
Mathilde, an die sich seine Mutter gewendet, die
Erlaubniß zur advocatorischen Praxis . . .

Kurze Zeit darauf starb sie, mit einem Lächeln auf
den Lippen, denn sie hielt die Zukunft ihres Kindes
für gesichert . . .

In dem Hause des Commissionsrathes angekommen,
erfuhr Victor von dem Portier, daß Herr Weber aus=
gefahren sei . . .

Langsam stieg der junge Advocat die breiten, hell=
erleuchteten, mit bunten, weichen Teppichen belegten
Stufen hinan, die zum ersten Stockwerk führten.

„Ist Besuch da?" frug er, Hut und Stock ab=
legend, im Vorzimmer den Bedienten.

Der Diener nannte einige Damen und Herren, dar=
unter auch den Namen des Barons von Portheim . . .

Eine Wolke verdunkelte Victors Stirne; er er=
innerte sich Adelens Mittheilung über das goldene
Armband, das ihr der junge Roué in die Garderobe
geschickt hatte . . .

Bei seinem Eintritt in den Salon fand er die
kleine Gesellschaft um den großen runden Tisch in der
Mitte des Gemachs gruppirt . . .

Der junge Mann grüßte höflich und rasch und
ging dann auf Clotilde zu, die, ihm die Hand ent=
gegenstreckend, Vorwürfe über sein spätes Kommen

machte. Schon nach fünf Uhr hatte er eintreffen wollen und jetzt war es halb Sieben . . .

„Ein Zufall hielt mich länger als ich wollte auf, liebe Clotilde", entschuldigte sich Victor, die kleine, schmale, weiße Hand seiner Verlobten an die Lippen drückend . . .

„Die Ausrede laß' ich nicht gelten. Zur Strafe wirst Du mich heute Abend in die Oper begleiten?"

„In die Rosenfee? . . ."

„In die Rosenfee", nickte sie schalkhaft lächelnd, denn sie wußte, daß er kein Freund dieser Zauber= opern war.

„Ich muß Dich daran gewöhnen mich nicht warten zu lassen", setzte sie leise hinzu. „Begleitest Du uns, Vetter Johannes, in das Theater?", frug Clotilde einen jungen, schwarz gekleideten Mann mit langem, braunem, glattgescheiteltem Haar, der ohne an der Unterhaltung, die Herr von Portheim mit zwei jun= gen Herren und zwei jungen Damen über Bälle und Concerte pflog, theilzunehmen, gedankenvoll vor sich hinblickend im Sessel saß, ein Blatt der Hengsten= bergischen Kirchenzeitung in der schlaff herabhängen= den Linken . . .

Der Gefragte hob langsam seine dunklen, nicht sehr großen Augen zu dem jungen Mädchen empor.

„Ist das Dein Ernst, Cousine Clotilde?"

„Gewiß Johannes . . .", antwortete sie mit leichtem Erstaunen, über den Ton seiner Frage.

„Ich danke Dir für Deine Freundlichkeit, Cousine...
Ich werde zu Hause bleiben. Ich liebe diese Zerstreuungen nicht, die den Geist tödten, das Herz verderben und das Fleisch zum Herrn über uns machen..."
sprach er langsam, mit klangvoller Stimme, deren
Ton etwas Weiblich=weiches hatte und versenkte sich
wieder in die Lectüre der Kirchenzeitung.

„Merkwürdig", lächelte Herr von Portheim, ein
junger, äußerst eleganter Mann, mit feinem Schnur-
bärtchen und dünnem hellbraunem Haar, „die Ansichten
des Herrn Pfarrvicars stimmen ganz mit denen des
Herrn Rechtsanwalts überein. Herr Linden würde
auch lieber daheim bleiben, als mit uns in die Oper
fahren..."

„Ich denke aber doch, daß ein kleiner Unterschied
zwischen den Anschauungen des Herrn Pfarrvicars
und den meinigen ist..." warf Victor kalt und
trocken ein...

„Das glaube ich auch", fügte der junge Theolog
leise hinzu, sein Auge einen Moment von der Zeitung
erhebend und den Verlobten seiner Cousine mit einem
Blicke streifend, dessen Ausdruck Clotilde betroffen
machte, „wir lassen uns nur zu oft durch äußere
Aehnlichkeit täuschen, ohne der inneren Verschiedenheit
nachzuforschen..."

Der Eintritt des Commissionsrathes unterbrach die
Unterhaltung, die einen peinlichen Charakter anzunehmen drohte.

Herr Weber war ein Mann im Ausgange der Fünfziger mit jenem anspruchsvollem Wesen in Gang, Miene und Geberde, das man bei allen Emporkömmlingen findet, die an und für sich mittelmäßigen Geistes und Charakters, mehr durch die Gunst der Verhältnisse, als durch eigene Kraft empor gehoben wurden. Kopf und Herz hat bei ihnen nicht gleichen Schritt halten können mit dem Lauf ihres Glückssternes . . .

Indessen milderte ein gewisser lebenslustiger Zug in seinen Mienen den Eindruck seines mehr als selbstbewußten Auftretens. Dem Manne sah man es an, daß er sich freute, wenn seinen Gästen sein Champagner und sein Braten schmeckte, daß er stolz darauf war Gastfreundschaft üben zu können und darin einen Genuß fand.

Wenn ihm das Schicksal noch einen abligen Schwiegersohn bescheert hätte; er würde, ein zweiter Polykrates, sich für den Glücklichsten aller Menschen gehalten haben.

Er begrüßte Victor freundlich, Herrn von Portheim mit jener achtungsvollen Herzlichkeit, die verrathen ließ, wie sehr sich sein Stolz durch den Verkehr mit dem jungen Baron geschmeichelt fühlte, seinen Neffen, den Pfarrvicar nickte er herablassend zu — er hatte ihn auf der Universität unterstützt — und die übrigen Anwesenden bewillkommnte er mit der Höflichkeit eines Mannes, der die Grade seines eigenen Werthes nach der Zahl seiner Besucher berechnet.

„Du willst in die Oper, mein Kind", sprach er zu Clotilde, sich neben die Tochter setzend, „das ist schön, ein guter Gedanke von Dir. Ich bin ein Freund der Oper . . . aber es wird Zeit sein, die Wagen vorfahren zu lassen. Es ist gleich sieben Uhr." Er klingelte und gab dem eintretenden Diener die Weisung, die Wagen bereit zu halten . . .

„Ich habe noch einen Brief zu schreiben und werde nachkommen . . . Gehst Du nicht mit, Vetter Johannes?"

„Nein, Onkel, wenn Sie nichts dagegen haben . . ." Der Kaufherr wollte etwas erwiedern. Clotilde kam ihm zuvor.

„Er ist ein Stoiker, Papa, der die Freuden dieser Welt verachten lernt und ich kann es ihm im Grunde nicht verargen. Johannes will als Missionair nach dem Cap der guten Hoffnung unter die Kaffervölker gehen. Dort hört die Kultur auf; und es ist gut, wenn er sich schon jetzt auf Entbehrungen vorbereitet. Sie werden ihm dann nicht schwer werden. Nicht wahr, Cousin?" Sie reichte ihm aufstehend lächelnd die linke Hand, während die andere die Falten ihres seidenen Kleides, die aufgebauscht um die schlanke Taille lagen, glatt strich . . .

„Vielleicht, Cousine Clotilde, kommst Du einst zu denselben Ansichten", antwortete er ihr, die dargebotene

Hand ergreifend und fest in der seinigen behaltend, „und lächelst dann nicht mehr über meine Grundsätze, die ich im harten Kampfe mit der sündhaften Natur, die unser aller Erbtheil ist, mir erworben habe … Gebe Gott der Herr, daß diese Wandlung nicht mit zu schweren Prüfungen verbunden ist … Wenn die Gebete eines Menschen, der selbst noch der Gnade bedürftig ist, diese Prüfungen, die keinem Sterblichen erspart bleiben, mildern können, so sollen sie nicht zu hart auf Dir lasten." Der feierliche, fast düstere Ton, mit welchem er Dies sprach, rief eine ernste Stimmung in der kleinen Gesellschaft hervor …

Clotilde aber zog lebhaft ihre Hand aus der ihres Vetters zurück. Sie glaubte einen leisen, leidenschaftlichen Druck gefühlt zu haben. Der Blick, der sie dabei aus seinen dunklen Augen traf, verwirrte sie, eine flüchtige Röthe färbte ihre Stirne … Doch das war vorübergehend, wie der Schatten, den eine Schwalbe auf sonnigen Rasen wirft, wenn sie im Fluge darüber hinstreift …

Ihren Arm in den Victor's legend und diesen fest und innig an sich drückend, antwortete sie: „Ich danke Dir herzlich, Johannes, für Deine Theilnahme und Dein Versprechen. Indessen sehe ich an Victor's Seite muthig den Prüfungen und Stürmen des Lebens entgegen. Er wird mich schützen …"

Sie sah zärtlich zu ihm empor.

„Gewiß, Clotilde, bis zum letzten Herzschlag", sagte er bewegt.

„Aber, meine Herrschaften, werden Sie nicht senti=
mental", lächelte spöttisch der junge Herr von Portheim
und streifte die veilchenblauen Glacés über die Hände.
„Mir wird es weinerlich zu Muthe, wie in einem Rühr=
stücke. Und wir wollen doch in eine Zauberoper gehen
und die kleine Adele Mai singen hören und tanzen
sehen, Ihre liebenswürdige Hausgenossin, Herr Rechts=
anwalt... Sie figurirt heute als Lilienkönigin. Werden
Sie nicht eifersüchtig, Fräulein Weber ... Diese kleine
Choristin hat mit ihren sanften Taubenaugen schon viel
Unheil angerichtet ..." Und einer der jungen Damen
den Arm bietend und sich von dem Commissionsrath
und den Pfarrvicar verbindlich verabschiedend, gab er
der kleinen Gesellschaft das Zeichen zum Aufbruch ins
Theater ...

„Du kennst das Mädchen?" frug Clotilde, wäh=
rend sie mit Victor die Treppe hinabschritt, „und
hast mir nie davon erzählt, daß sie mit Dir in dem=
selben Hause wohnt?"

„Ich hatte noch keine Veranlassung dazu, liebe Clotilde", antwortete Victor zerstreut. Ein unangenehmer
Gedanke beschäftigte ihn seit einigen Minuten. Herr
von Portheim war zufällig beim Juwelier gewesen, als
er Diesem das Diadem zur Restauration gab, welches
heute Adele als Lilienkönigin tragen sollte und das er
übermorgen seiner Braut als Geburtstagsgeschenk geben

wollte. Wenn er es wieder erkennen sollte, es wäre ihm
fatal. Auch Clotilde konnte es bemerken.

„Das Mädchen lebt still und zurückgezogen mit ihrer
alten Mutter in einem Dachstübchen, aus günstigen
Verhältnissen durch den Tod des Vaters in den Kampf
um das Brod, um das Dasein geworfen . . . Es ist
ein sanftes schüchternes Geschöpf, dem nur die kindliche
Liebe die Kraft giebt, das Peinliche zu ertragen, welches
mit ihrer Stellung am Theater verbunden ist. Sie ist
nicht für die Bühne geboren, obwohl sie nicht ohne
geistige Befähigung ist . . . Aber es fehlt ihrem Blute
jener feurige Tropfen des Ehrgeizes, den der Mensch
haben muß, wenn er auf dem Gebiet der Kunst Bedeu=
tendes leisten soll . . ."

„Du scheinst die junge Dame sehr genau zu ken=
nen", antwortete Clotilde in einem Tone, der eine
gewisse eifersüchtige Färbung hatte, „das, was Du eben
von ihr mittheiltest, war eine Art psychologische Studie,
ein kleines Seelengemälde zu nennen . . ."

Herr von Portheim, der unmittelbar vor ihnen ging,
hatte, obwohl er mit der Dame, die er am Arm führte,
eine leichte, tändelnde Unterhaltung angeknüpft, kein
Wort des Gesprächs zwischen Victor und seiner Braut
verloren. Bei der letzten Bemerkung Clotildens drehte
er sich nach ihnen um und lächelte spöttisch.

„Ihr Urtheil ist sehr richtig, Fräulein. Man muß
ein ungewöhnliches Interesse an einer Person nehmen,

um an einem Character solche Detailstudien zu machen, besonders, wenn diese Person nur eine Choristin ist ..."

In Victor's Gesicht flammte eine dunkle Gluth auf.

„Sie können Recht haben, Herr von Portheim", sagte er mit schneidender Schärfe, „nur mit dem Unterschiede, daß das Interesse aus allgemeinem, rein menschlichem Mitgefühl entspringt, das nicht nothwendig hat, seinen Ursprung unter dem Glanz goldner Armbänder zu verbergen. Aber nicht alle lassen sich dadurch täuschen und es giebt Augen, die selbst unter dem Schimmer von Gold und Diamanten die Gemeinheit und den Schmutz gewisser Männerherzen erkennen ... und wenn es auch nur die Augen einer armen, jungen, unbedeutenden Choristin sind."

Sie waren, während Victor dies sprach, an dem gußeisernen Candelaber angekommen, dessen weißes Gaslicht seinen blendenden Schein auf die kleine Gruppe warf. Vor ihnen hielten zwei Wagen, deren Rosse ungeduldig in dem feuchten gelben Kies scharrten, mit welchem der Vorplatz der Villa bestreut war.

Herr von Portheim öffnete den Kutschenschlag, um seiner Begleiterin in den Wagen zu helfen; indem er aber dabei das Gesicht zurückwendete, antwortete er in einem leisen zischenden Tone: „Ah, Sie kennen die Armbandaffaire auch ... Das ist sehr gut, jetzt erkläre ich mir Vieles, Herr Rechtsanwalt, ich gratulire ..."

Aus seinen matten grauen Augen, die gewöhnlich durch die schlaff und ermüdet herabhängenden Lider wie

von einem Schleier bedeckt wurden, schossen dabei ein
paar fahle Blitze zu Victor hinüber, falsch, boshaft,
rachsüchtig. Dann stieg er rasch in den Wagen, in
welchem außer ihm noch eine Dame und ein Herr Platz
genommen hatten.

Die Fahrt nach dem Opernhause war für Clotilde
und Victor peinlich.

Clotilde sah, ihren schwarzen Schleier vor dem Ge=
sicht, stumm in den Herbstabend hinaus. Victor fühlte,
daß er eine Erklärung schuldig war in Bezug auf des
Barons letzte Aeußerung. Aber die Gegenwart eines
Dritten schloß ihm den Mund. Eine gleichgültige Un=
terhaltung anzuknüpfen war ihm nicht möglich. Er
schwieg ebenfalls, kaum daß er ein paar nothdürftige
Höflichkeitsphrasen an die junge Dame richtete, die mit
ihnen fuhr. Das Schweigen zweier Menschen, die sich
sonst so nahe stehen, ist unter solchen Umständen äußerst
gefährlich. Mit jeder dieser stummen qualvollen Minu=
ten erweitert sich der Zwiespalt, die Anknüpfung und
Ueberbrückung wird immer schwieriger . . .

Sie kamen in die innere Stadt; das Leben und
Wogen des Verkehrs umtobte sie. Aus den Caféhäusern,
Restaurationen und Kaufläden quollen Lichtstrahlen
heraus auf die nebelfeuchten Straßen und erzeugten im
Verein mit den weißlichen Flammen der Gaslaternen
jenes magische Helldunkel, das dem Abendverkehr großer
Städte einen so eigenthümlichen Reiz verleiht. Die
glänzenden Carossen, die eleganten Frauen in ihren

bunten Theater- und Balltoiletten, die feinen Stutzer
an ihrer Seite, die ernsten, schweigsamen Männer der
Arbeit, heimkehrend aus den Werkstätten und Fabri=
ken, die bewegliche, zudringliche Schaar der kleinen
Verkäufer und Verkäuferinnen, Blumensträußer und
Zeitungen feil bietend, die vergoldeten Existenzen der
Halbwelt, die ihre schimmernden Netze aus blondem und
schwarzem Frauenhaar auswerfen, die müßig stehende,
gehende, gaffende Menge vor den Kaufhallen und Ge=
wölben geben ein fesselndes Bild, mit immer wechselnden
Farben und Figuren; und das schnelle Vorübergleiten
des Einzelnen in diesem beweglichen Gemälde erzeugt
einen phantastischen Eindruck, überkleidet das ganze
Leben und Weben mit dem Reiz des Unbekannten, Ge=
heimnißvollen.

Diese Erscheinung, in der wir mit einem Augen=
aufschlag die moderne Gesellschaft zusammengedrängt
auf wenige hundert Quadratfuß, in ihren hervorstechend=
sten Formen überschauen können, übte auf Linden immer
einen Reiz aus, dem er sich nicht entziehen konnte . . .

Heute verstimmte ihn das Alles. Heute erschien ihm
diese Welt verzerrt wie in einem Hohlspiegel, der uns
nur Fratzen zurückwirft. Diese ganze Gesellschaft, wie
sie sich in den Straßen zusammenballte und durcheinan=
der drängte, diese eleganten Herren und Frauen auf der
einen Seite, diese armen, schweigsamen Arbeiter und
Arbeiterinnen auf der andern, erschienen ihm in dem
Licht desselben Verhältnisses, in welchem er diesen

reichen, blasirten Baron von Portheim zu Adele Mai,
der armen Choristin, sah.

Der Uebermuth des Geldes und der Geburt hier,
die wehrlose Schüchternheit, die unterdrückte Armuth
dort . . .

Eine tiefe Verstimmung überkam ihn. Schweigend
hob er, als die Kutschen vor dem Opernhause hielten,
die Damen aus dem Wagen und führte sie in ihre dicht
vor dem Proscenium gelegene Loge . . .

Clotilde setzte sich in den Winkel der Loge, unmittelbar an die Seite der Brüstung, die der Bühne am nächsten war, Victor nahm hinter ihr Platz, während der
Baron, das Lorgnon in das Auge geklemmt, hinter den
Sesseln der beiden anderen Damen stand, zuweilen einen
spähenden Blick hinunter in das Parterre und hinauf
auf die zweite und dritte Galerie werfend.

Die Rosenfee gehörte zu jener Gattung von Zau-
beropern, wie sie heut zu Tag der abgestumpfte Theil
des Publikums liebt. Prächtige Decorationen, glänzende, üppige Ballets und jene leichte, sinnliche, kitzelnde,
prickelnde Musik, wie wir sie in Offenbach's mythologischen Possen alltäglich hören . . .

Adele hatte erst in der Schlußscene des zweiten
Actes aufzutreten und eine kleine Arie zu singen . . .

Der Maschinist und der Decorateur leisteten dabei
Außerordentliches.

Aus einem Lilienkelch stieg die Königin der Lilien hervor, mitten heraus aus den geschlossenen, weißen, fleckenlosen Blättern, während links und rechts dienende Liliengeister, reizende, anmuthige, leichte, ätherische Mädchengestalten hervorgaukelten und sich um ihre Königin gruppirten. Schüchtern, zaghaft näherte sich das junge Mädchen der Rampe.

Ein leises Rauschen, ein Murmeln des Beifalls ging durch das vollgedrängte Haus . . .

Es galt ihrer äußeren Erscheinung, noch hatte sie keinen Ton gesungen, nur die Klänge des Orchesters verdolmetschten die stumme Pantomime der Liliengeister und ihrer Königin. Clotildens Augen ruhten unverwandt auf dem jungen Mädchen. Die feinen, nur leicht von Rosenschimmer angehauchten Züge, der sanfte, elegische, schüchterne Ausdruck, mit welchem sie die langbewimperten Augen gegen das Publikum erhob, die zarte Gestalt, deren kindlich schmale Taille von einem silbernen Band umspannt wurde, übte auch auf sie einen tiefen Eindruck aus, der bis zum höchsten Interesse durch die Bemerkungen gesteigert wurde, die Herr von Portheim kurz vorher gegen ihren Verlobten hatte fallen lassen . . .

„Sie ist sehr hübsch!" sagte sie zu ihrer Nachbarin, die diese Aeußerung durch ein stummes Kopfnicken bestätigte. Auch Victor wandte kein Auge von dem jungen Mädchen, auf dessen Haupt das Diadem seiner Mutter funkelte. Die Edelsteine warfen zuckende Blitze um ihr Haar, glühende Strahlen, die über die Bühne hinein in die Tiefen des Zuschauerraums schossen . . .

„Das sind ächte Diamanten", flüsterte die junge Dame, welche vor Herrn von Portheim saß, ihrem Nachbar in's Ohr.

Der junge Baron, der das Lorgnon in's Auge geklemmt, Adele so scharf fixirte, daß ihm nicht das Geringste an ihrer Erscheinung entging, hatte das Diadem ebenfalls bemerkt, und da die eigenthümliche Form desselben ihm auffiel, so suchte er in seiner Erinnerung nach, wo er dasselbe schon gesehen . . .

Plötzlich belebte ein boshaftes Lächeln seinen Mund, ein lauernder Seitenblick flog zu Victor hinüber und sich zu Clotilde niederbeugend flüsterte er ihr leise in's Ohr, daß nur sie es hörte: „Betrachten Sie genau dieses Diadem mit den Blumenarabesken, aus Rubin und Diamanten . . . vielleicht erkennen Sie es eines Tages wieder . . . aber schweigen Sie bis dahin . . ."

Clotilde sah verwundert zu ihm empor. Portheim legte den Finger auf den Mund und zog sich mit einer leichten Verbeugung wieder in seine Logenecke zurück.

Victor hatte nichts von diesem Vorgang bemerkt.

Eine unbestimmte Unruhe beherrschte ihn, die durch einige zufällige Beobachtungen hervorgerufen war. Er glaubte bei dem Auftreten Adelens aus einer Gruppe junger Leute im Parterre, unter denen er einige Commis des Hauses Portheim erkannte, ein verdächtiges

Flüstern gehört zu haben, in der Hand des Einen und des Andern sah er kleine hellglänzende Instrumente.

Die Introduction des Orchesters schwieg indeß . . . Adele trat einen Schritt vor, unmittelbar in die Nähe des Souffleurkastens, das Auge mit schamhafter Scheu auf den Kapellmeister gerichtet, dessen Taktirstock das Zeichen zum Beginn ihrer Arie gab . . .

Sie sang, nur von Flöten und Violinen begleitet . . . Ihre Stimme war nicht sehr umfangreich, auch wob sie keine glänzenden Coloraturen in ihrem Vortrag, allein es lag ein eigner Schmelz, ein sanft-klagender Ausdruck, tief aus dem Herzen kommend, in ihrem Gesang. Die Arie war die einfachste und deshalb vielleicht die gelungenste Piece der ganzen Composition und der Text wie die Musik harmonirten mit dem schwermüthigen Gefühl und der zarten, keuschen Behandlung der jungen Sängerin . . .

Schon klang der letzte Ton der ersten Strophe aus und das Publikum angenehm überrascht und erstaunt, schwieg, sich sammelnd einen Augenblick, bevor es in Beifall ausbrach. Da beugte sich Herr von Portheim über die Logenbrüstung, daß er weithin sichtbar wurde und strich leicht mit dem weißseidenen Taschentuch über seine Stirne . . .

Unmittelbar darauf gellte ein schriller Pfiff aus dem Parterre durch das Haus. Gleiche Töne von der zweiten und dritten Galerie herab folgten.

Adele erbleichte unter der Schminke, sie wankte und vermochte sich kaum aufrecht zu halten. Zwar brach jetzt aus allen Theilen des Hauses ein lebhaftes Beifall= klatschen aus, indessen hatte sich auch die Zahl der Pfeifer im Parterre vermehrt. Man merkte wohl, daß es eine vorbereitete Demonstration war, denn man sah kleine Pfeifen in den Händen einer Anzahl junger Männer, aber das vermehrte nur noch die Aufregung.

Ein wüster Lärm brach los . . . Adele vermochte ihre Arie nicht zu Ende zu singen. Unter wildem Toben, Schreien, Klatschen und Pfeifen fiel der Vorhang . . .

Die Damen in den Logen hatten sich indessen er= hoben, Clotilde gab dem Bedienten den Auftrag, die Wagen vorfahren zu lassen . . .

Sie war sehr blaß, aufgeregt und zerstreut.

„Gehen wir", sagte sie zu Victor, der durch die Scene gleichfalls peinlich berührt war.

„Der Auftritt war das Werk einer gemeinen In= trigue", sprach er dann, als er mit Clotilde die Stufen hinabging, „ich glaub' auch den Anstifter zu kennen."

Clotilde antwortete nichts auf diese Bemerkung. Ihr summten die Worte des Barons über das Diadem noch im Ohr. Was konnten sie bedeuten? Sie sollte es eines Tages wieder erkennen? Was wollte er damit sagen? Sie begriff es nicht, aber sie fühlte oder ahnte, daß seine Anspielung irgend einen Bezug auf sie und auf Victor haben mußten; und

wieder kamen ihr die boshaften, zweideutigen Andeu=
tungen Portheims über Victor's Interesse für Adele
in den Sinn . . .

Die Rückfahrt war eben so stumm, wie die Hin=
fahrt. Der Dämon der Eifersucht hatte seinen Samen
in Clotildens Herz gestreut und Victor fühlte dies.
Aber, wie vorhin, hielt ihn eines Theils die Gegen=
wart Dritter von einer näheren Erklärung ab, andrer=
seits regte sich in ihm eine Empfindlichkeit, die ihm
nicht ein beschwichtigendes Wort der Aufklärung
sprechen ließ . . . Doch machte er noch einen Versuch,
als die Kutschen vor der Villa hielten und er Clotilde
aus dem Wagen hob, der die andere Dame noch zu
ihrer Wohnung bringen sollte.

„Es ist noch nicht spät, ich möchte gern noch ein
Viertelstündchen allein mit Dir sein, Clotilde", flüsterte
er ihr zu, „das war bis jetzt ein trauriger Abend . . ."

Clotilde zögerte einen Augenblick, aber vielleicht
hätte sie doch „Ja" gesagt, denn auch sie fühlte das
Bedürfniß, mit Victor allein zu sein und sich aus=
zusprechen; da trat der junge Pfarrvicar, ihr Cousin,
aus dem Innern der Villa kommend, an sie heran . . .

„Es ist gut, daß Du kommst, Cousine", sagte er,
Victor frostig grüßend, „Dein Vater ist unwohl gewor=
den und verlangt nach Dir . . ."

Die Hoffnung auf eine Stunde traulichen Zusam=
menseins schwand.

„Gute Nacht, Clotilde . . ." sprach Victor ernst und bewegt und reichte ihr die Hand, „ich hoffe Dich und den Vater morgen wohl und heiter und den Himmel frei von Wolken zu sehen . . ."

„Gute Nacht, Victor", antwortete sie, seine Hand ergreifend, „auch ich will es hoffen . . ."

So schieden sie von einander.

Aber es war diesmal nicht jener warme, innige Druck, aus dem es sonst wie mit elektrische Funken in ihre Herzen sprang.

Unentschlossen, zögernd, zurückhaltend fanden und trennten sich ihre Hände, ein schlimmes, bedeutungsvolles Zeichen für die Zukunft des jungen Paares. —

Es war früh zehn Uhr. Victor saß an seinem Arbeitstisch. Eine angefangene Streitschrift in einer wichtigen Prozeßsache lag vor ihm. Aber er war verstimmt, zerstreut, die Arbeit wollte ihm nicht von Statten gehen. Eine dunkle Wolke lag seit gestern Abend zwischen ihm und Clotilde. Eine Wolke, das ist das richtige Wort. Nichts Greifbares, Bestimmtes, kein Stein des Anstoßes oder der Aergerniß, sondern ein dunkler Schatten, wie ihn Wolken werfen, wenn sie die Sonne verhüllen. Und diese Sonne, die in ihrem und seinem Herzen leuchtete, ihre Strahlen austauschte, sie war getrübt, verfinstert. Er machte sich Vorwürfe, daß er Clotilde nicht den Unfall des gestrigen Abends, der ihn mit

Adele begegnet, erzählt hatte — da öffnete sich die Thüre und die junge Choristin trat herein, blaß, mit von Weinen getrübten Augen.

Sie konnte ihm kaum den Morgengruß sagen, die hellen Thränen flossen ihr aus den Augen. Stumm legte sie das Diadem auf den Schreibtisch.

Er stand auf und drückte ihr die Hand.

„Beruhigen Sie sich, Fräulein Adele, über die gestrige Scene, es war eine gemeine, boshafte In= trigue. Ich kenne den Anstifter, ich sah, wie er das Zeichen gab zu jenem Lärmen und Pfeifen. Es ist Herr von Portheim ..."

Sie drückte ihr Taschentuch gegen die Augen.

„Wenn er die Folgen kennte, die der Auftritt zur Folge gehabt hat", schluchzte sie, „meine arme, arme Mutter ..."

Victor hob den Kopf, den er auf seine Schreiberei gesenkt, rasch empor. Eine dunkle Ahnung durchzuckte ihn ...

„Sie sprechen von Folgen? ... Welche andern Folgen kann denn diese gemeine Intrigue gehabt haben, als die, ihren Urheber zu prostituiren, denn ich gebe Ihnen die Versicherung, diese Gassenbubenverschwörung soll nicht im Dunklen bleiben."

Adele schüttelte weinend das Haupt.

„Lesen Sie ..." stammelte sie, dem jungen Mann einen Brief überreichend ...

Er war von der Direction des Theaters.

„Nach dem Unfall vom gestrigen Abend", las Linden, „bin ich genöthigt, Ihnen das Engagement zu kündigen, da die Antipathie des Publikums sich zu entschieden gegen Sie ausgesprochen hat. Ihr Verhältniß zur hiesigen Bühne wird demnach vom Ersten nächsten Monats gelöst sein."

Victor's Hand, die den Brief hielt, sank schlaff herab.

„Armes Mädchen!" sagte er und ein theilnahms= voller Blick glitt über ihre blassen Züge . . .

Ein trauriges Schweigen trat ein. Um Adelen's Mund zuckte es krampfhaft, während Victor gedanken= voll vor sich sah.

„Weiß Ihre Mutter schon darum?" frug er dann.

„Nein, ich wage es ihr nicht zu sagen. Es könnte sie tödten . . ."

„Sie haben Recht und wer weiß, was bis zum nächsten Monat noch geschieht . . . Verlieren Sie den Muth, das Vertrauen nicht. Richten Sie sich immer in dem Gedanken auf, daß in unserm Leben auch nicht das Geringste eine Folge blinden Zufalls, sondern daß überall die Hand Gottes ist, welche die Waage unseres Schicksals hält . . ."

Er sprach das Letztere mit einem ungewöhnlichen Ernst, den sie noch nie an ihm wahrgenommen hatte.

„Ich will es", flüsterte sie.

„Im Uebrigen aber, erinnern Sie sich auch, daß es noch Menschen gibt, welche bereit sind, Ihnen mit Rath und That beizustehen und vergessen Sie nicht, daß ich zu diesen gehöre. Wollen Sie mir das versprechen?" und er streckte ihr die Hand entgegen.

„Ich verspreche es Ihnen", sprach sie leise, ihre Rechte in die Seinige legend, während ihre sanften Augen mit dem Ausdruck kindlichen Vertrauens auf seinen Zügen ruhten, „Sie sind unter Allen der Einzige, zu welchem ich Vertrauen habe . . ."

Sie sprach es in einem Tone kindlicher Einfachheit und Unbefangenheit und doch flog eine augenblickliche, leichte Röthe über das Gesicht des jungen Mannes, der die kleine, schmale Hand des Mädchens in demselben Moment frei ließ.

Ach, räthselhaftes Ding, das wir Menschenherz nennen! Welche dunklen Geheimnisse, Dir selbst unerklärlich, birgst Du in Dir, welche tiefe, unterirdische Strömungen bewegen Dich und treiben die Fluth des wallenden Blutes in die Wangen? . . . Das junge Mädchen war gegangen, Victor war längst wieder allein. Aber mit der Arbeit wollte es noch weniger gehen; unmuthig warf er die Feder bei Seite.

„Ich muß Dem ein Ende machen", sprach er für sich, sich zum Ausgehen rüstend, „ich werde Clotilde erzählen, wie ich das Mädchen kennen lernte, daß ich ihren Vater gekannt habe, den alten, braven Universitätssecretair, der mir während meiner Untersuchungshaft so viele Humanität bewiesen; sie ist edel genug, um Adele im Notbfall eine Zuflucht zu gewähren . . ."

Es war ein prächtiger Octobertag, einer jener schönen Herbsttage, deren blauer Himmel, goldner Sonnenglanz und braunes, welkendes Laub, Leben und Tod in einem Bilde verschmolzen uns vorzaubern, süße Wehmuth über unsere Seele breiten. Um die Astern und Georginen in den Gärten der Vorstadt, durch welche Victor langsam dahin schritt, flatterten noch bunte Schmetterlinge, während hoch oben über den Gipfeln der Bäume im blauen Aethermeer, die Schwalben ihre luftigen Kreise zogen, bald hier, bald dorthin schwebend, um Abschied zu nehmen von der nordischen Heimath, aus der sie des Herbstes Stürme in den fernen fremden Süden treiben . . .

Wie bei Sterbenden noch einmal mächtig die Lebensflamme auflodert, der Geist, im Begriff von seiner irdischen Hülle sich zu trennen, noch einmal mit allem seinem Zauber die Züge verklärt und uns seinen göttlichen, unvergänglichen Ursprung noch ein= mal beweist, indem er aus diesem dem Tode ver= fallenen Körper, dessen Organe schon den Dienst versagen, noch einmal in seiner Reinheit und Klar= heit uns entgegenstrahlt, so entfaltet auch die Natur an diesen Herbsttagen noch einmal alle ihre Reize, berauscht uns mit ihrem Duft, schmeichelt sich in unser innerstes Herz hinein, während schon ihre lieb= lichsten Kinder, die Blumen des Feldes und das grüne Laub des Waldes, dahin sterben.

Eine Wehmuth, schmerzlich = süß, überkam auch

Victor. Der Schatten, den der gestrige Abend auf sein Liebesglück geworfen, lag auf seiner Seele und erhöhte die unruhige, sehnsüchtige Stimmung seines Herzens.

In seinem Wesen mischten sich Weichheit und Festig= keit, träumendes Sinnen und Brüten und helle, auf= lodernde Kampfeslust gegen die Gemeinheit und Nie= drigkeit.

Es gab Stunden, in denen er jener Schwermuth verfiel, die das Erbtheil aller idealer angelegter Naturen, deren Flug himmelwärts geht, von wo sie die Erde sammt ihren Treiben aus der Höhe überblicken. Dort hinauf freilich dringt nicht der Staub und der Dunst der Alltäglichkeit. Aber wie viel Noth und Elend, wie viel Unglück und Schmerz und wie viele Räthsel und Ge= heimnisse des Daseins entdecken sie da. Jedoch sie kön= nen weder jene Noth des Lebens, noch diese Räthsel der Welt lösen, Kopf und Herz martern sich vergeblich ab, bis sie abgehetzt, todtmüde sind; und dann kommt die Schwermuth und wirft ihren grauen Flor um die Seele der Gepeinigten.

Glücklich dann, wenn sie das müde Haupt an die Schulter eines geliebten Wesens stützen können, wenn weiche Hände ihnen das Haar aus der fieberheißen Stirne streichen und sanfte Worte das gequälte Herz trösten ...

Vom Sonnenlicht umflossen leuchtete die weiße Villa des Commissionsrathes dem jungen Manne ent= gegen. Die grünen Jalousien waren geschlossen, auf der Freitreppe, die hinauf zu dem Portal führte, stand

der Portier eine Cigarre rauchend und mit großer Be=
haglichkeit die blauen Rauchwölkchen in den warmen
Herbsttag hineinblasend.

„Zu Hause?" frug Victor, die Treppen lebhaft hin=
auf eilend.

„Thut mir leid, Herr Rechtsanwalt", antwortete
der Alte, die Cigarre aus dem Munde nehmend und
sein grünsammtnes Käppchen lüftend, „das gnädige
Fräulein ist mit dem Herrn Commissionsrath und dem
Herrn Pfarrvikar nach Friedrichshaide gefahren. Den
Herrn überfiel gestern Abend ein plötzliches Unwohlsein
und der Herr Medizinalrath verschrieb ihm heute früh
einen Ausflug, statt der Medizin."

Friedrichshaide war ein zwei Stunden entferntes
Landgut des Herrn Weber . . .

Victor's Züge verdunkelten sich. Er frug, ob Sophie,
Clotilden's Dienerin, im Hause sei. Der Alte schlug
sich vor die Stirne.

„Verzeihen Sie, Herr Rechtsanwalt. Ich werde
alt und mein Gedächtniß nimmt ab. Die Kleine sagte,
das Fräulein habe einen Brief für Sie zurückgelassen."
Victor flog hinauf. Er begegnete dem Mädchen im
Vorsaal . . . Sie hatte ihn auf der Freitreppe gesehen
und war im Begriff, ihm das Billet zu bringen . . .

Er ging in den hintern Theil des Parks, welcher die
Villa umschloß, den Platz suchend, wo er oft Hand in
Hand mit der Geliebten goldene Traumbilder, aus
denen ihnen das Glück der Zukunft entgegen lächelte,

an sich hatte vorüberziehen lassen. Es war ein stilles, heimliches Plätzchen, umschlossen von Lärchenbäumen, weißstämmigen Birken und hohen Tannen. Wachholder= sträuche mit ihrer phantastischen Bildung an Aesten und Zweigen standen zwischen den Tannen und Lärchenbäu= men, und Brombeerbüsche, an deren schwarzen Trauben= büscheln süße Beeren hingen, schlangen ihre Ranken da= zwischen. Einzelne Sonnenstrahlen nur drangen in die= ses Versteck, in welchem Vögel und Eichhörnchen, die auf den hohen Tannen nisteten, eine sichere, ungestörte Zufluchtsstätte gefunden hatten.

Victor brach das feine Siegel des Billets und überflog die wenigen Zeilen.

„Entschuldige mich, lieber Victor, wenn ich auf einen Tag Dir entfliehe. Aber der Doctor drang darauf, daß ich Papa begleite. Auch Vetter Johan= nes fährt mit. Papa wollte es. Morgen sehen wir uns wohl, nicht wahr?"

Das war Alles, was sie ihm schrieb. Victor knitterte das Papier zusammen und verließ langsam den stillen Ort, an dem er oft mit so viel Glück im Herzen geruht.

„Morgen also erst", sprach er für sich, „morgen". Ernst, verstimmt, kehrte er in die innere Stadt zurück. —

Friedrichshaide war ein reizender Aufenthalt. Außer dem Landgut des Commissionsraths bestand der Ort noch aus wenigen Gehöften, die zerstreut zwischen Busch und Wiesen um das Schloß lagen.

Es war kein altes Feudalschloß mit Graben, Zug=
brücke und spitzen Thürmchen, sondern ein modernes
Schloß mit eleganten Eckpavillons und einer Platt=
form, über welche ein gestreiftes Zelt gespannt war,
unter dem Clotilde und der Pfarrvicar beim Kaffee
saßen, während der Commissionsrath ein kurzes Mittags=
schläfchen hielt . . .

Die dunklen Augen des Pfarrvicars ruhten auf
seiner Cousine, die gedankenvoll vor sich hin sah.

Sie trug ein hellfarbiges seidnes Kleid mit weißem
Grund und gelben Streifen, die schwarzseidene Man=
tille war ihr von den Schultern geglitten, die kleinen
Füße mit den rehbraunen Stiefelchen hatte sie fest
gegen einen Schemel gestützt, während der Kopf mit
den dunklen Flechten in der linken Hand ruhte.

Die langen Wimpern waren gesenkt; der Pfarr=
vicar bemühte sich vergebens, den Ausdruck ihres Blickes
zu erforschen.

„Du antwortest mir nicht, Cousine . . . Ich habe
Dich beleidigt“, nahm der Pfarrvicar, das Schweigen
brechend, das Gespräch wieder auf, „ aber der Herr, der
der Menschen Herzen prüft, weiß, daß nur die Sorge
um Dein Glück mir die Worte eingab. Nicht um das
Glück, was die Welt so nennt. Ich meine Deinen
inneren Seelenfrieden, die Ruhe des Herzens, welcher
seinen Ankergrund in dem demüthigen Glauben und der
selbstlosen Liebe hat . . . Dein Bräutigam“, er betonte
das Wort mit einer ironischen Bitterkeit, „Dein Bräu=

tigam gehört zu jenen unruhigen Männern, die, weil sie
die Ruhe des Herzens verloren haben und mit sich selbst
zerfallen sind, in ewigem, stetem Kampfe mit den Ord=
nungen Gottes und der Menschen liegen. Ruhelos, sind
sie nur zum Zerstören geschaffen, unfähig, das stille
Glück der Liebe zu geben und zu nehmen. Der maßlose
Stolz auf ihr Menschenthum ist die Ursache ihres Un=
glücks. Es sind moderne Titanen, die den Himmel stür=
men wollen, weil sie zu hochmüthig sind, sich vor dem
Herrn zu demüthigen!"

„Ich glaube doch, Johannes, Du bist zu scharf, zu
ungerecht in Deinem Urtheil", antwortete Clotilde nach
einer kleinen Pause, die Augen zu ihrem Cousin er=
hebend, „ich kenne Victor und weiß, daß er einen lei=
denschaftlichen Haß gegen alles Unrecht, gegen allen
Uebermuth der Mächtigen in sich trägt, daß er das Ge=
meine und Niedrige verabscheut und Vorurtheile, selbst
wenn sie durch jahrhundertlanges Bestehen geheiligt,
rücksichtslos bekämpft. Er ist ein geborner Anwalt
aller Unterdrückten und Schwachen. Aber er hat ein
großes, tapferes Herz. Er verzeiht leicht, wie alle Men=
schen, die von einem idealen Streben erfüllt sind; das,
was Du hochmüthigen Titanenstolz nennst, ist nur jener
edle Stolz, der im Bewußtsein des eignen Werthes
wurzelt, derselbe Stolz, der ihn äußere Ehren, Titel
und Würden als sehr Nichtiges betrachten läßt . . ."

Ihre Augen funkelten, als sie Dies sprach, ihre
Wangen glühten und von ihrer weißen Stirn glänzte

jenes Glück, jener leuchtende Strahl, der die Frauen, welche ein Recht haben, auf den Mann ihrer Wahl stolz zu sein, so sehr verschönt . . .

Der Pfarrvicar warf einen flammenden Blick auf seine Cousine, einen verzehrenden, leidenschaftlichen Blick . . . der aber rasch wie der Blitz verschwand am fernen Nachthimmel. Dann zuckte ein Lächeln um seine starken vollen Lippen . . . Zum Glück für ihn sah es Clotilde nicht.

Wenn sie den haßerfüllten Neid bemerkt hätte, der in diesem Lächeln lag, sie wäre geflohen vor dem frommen Vetter, dem nur die Sorge um ihr Glück und Heil alle jene Anklagen gegen Victor aussprechen ließ.

Der Pfarrvicar erhob sich und trat an die Brüstung der Plattform.

„Die Antwort", sprach er äußerlich kalt, während es in seinem Innern vulkanisch kochte, „habe ich erwartet. Ich läugne nicht, daß viel Bestechendes in solchen Charakteren liegt . . . So war es von Urbeginn an. Die abgefallenen Geister zeigten sich immer in glänzenden Hüllen der Welt. Aber die Zukunft wird lehren, ob ich Unrecht hatte . . ."

Clotilden's Entgegnung wurde durch den Hinzutritt des Commissionsrathes abgeschnitten.

„Nun, Vetter Johannes, wie gefällt Dir mein Friedrichshain und seine Umgebung?" frug er, sich neben seine Tochter setzend, und ihre Linke zwischen seine Hände nehmend, „ist es nicht ein prächtiges Stück

Erde, bei deſſen Anblick ſelbſt eine eingetrocknete,
zwiſchen Hauptbuch und Courszettel alt und ſtumpf
gewordene Kaufmannsſeele ein angenehmes Prikeln
verſpürt? Ich glaube im Paradies kann es nicht
ſchöner geweſen ſein. Im Gegentheil, hier giebt es
keine Schlangen wie dort."

„Schlangen gibt es überall, nur ſehen wir ſie nicht
immer", warf Clotilde hin. Ihr Blick kreuzte ſich
mit dem ihres frommen Couſins.

Johannes wurde ein wenig blaß, aber nur ein
klein wenig, dann ſprach er mit ſeiner weichen, ſüßen
Stimme:

„Meinſt Du das bildlich, figürlich, liebe Couſine,
oder haſt Du vielleicht ſchon auf Deinen Spazier=
gängen eine jener glatten, glänzenden, kalten Geſchöpfe
bemerkt . . ."

„Ach, was bildlich, figürlich . . ." unterbrach ihn
der Commiſſionsrath, der mit ſeinem Opernglas ſeit ein
paar Secunden unverwandt nach der Richtung der
Stadt hin geſehen hatte, „Clotilde hat eine Blind=
ſchleiche für eine Schlange gehalten".

Der Pfarrvicar biß ſich auf die Lippen.

„Aber, ſeht einmal dort hin, Kinder, eure jungen
Augen ſind noch ſchärfer, als mein Glas, kommt dort
nicht ein Wagen . . .`Wenn es Victor wäre . . ." fügte
er zu ſeiner Tochter gewendet hinzu . . . .

„Victor!" ihre Stimme zitterte vor Aufregung.
Sie fühlte eine heiße Sehnſucht, ſich an ſeine Bruſt zu

schmiegen, bei ihm Schutz zu suchen gegen eine Gefahr, die sie nicht sah, die sie nur ahnte, die sie umwitterte, ihr das Herz erbeben machte . . . Sie eilte an die Brüstung und wehte mit dem weißen Taschentuch weit hinaus in die Landschaft . . .

„Das ist nicht Victor, Kind", rief jetzt der Commissionsrath, der mit dem Glas vor dem Auge unverwandt das näherkommende Gefährte betrachtet hatte, „unsere Droschkenkutscher fahren nicht in diesem Trab; das ist die blaue Berline des Herrn von Portheim mit seinen Isabellen . . . prächtige Thiere."

Ueber Clotilden's Gesicht flog ein Schatten.

Sie entfernte sich von der Brüstung.

„Wo willst Du hin, Clotilde?" frug sie ihr Vater.

„Auf mein Zimmer", Papa, ich bin etwas müde..."

„Aber Kind, was wird Portheim denken, wenn ihn die Schloßdame nicht empfängt. Bleib, thue mir's zu lieb, — nicht Tildchen?" Und er streichelte ihr das weiche, dunkle Haar und die Wange . . .

„Wenn Du es durchaus willst, Papa" und sie setzte sich neben dem Commissionsrath, während Johannes hinabstieg, um Herrn von Portheim am Schloßthore zu begrüßen.

„Bleibt Vetter Johannes noch lange bei uns?" frug sie, als sie mit dem Vater allein war.

„Noch einige Wochen; er will hier die Entscheidung abwarten, ob ihn die Missionsgesellschaft nach Ostindien schickt oder ihn als Missionslehrer im Mutterhaus zu Basel anstellt . . . Aber warum fragst Du?"

„Weil . . . weil . . ." sie stockte etwas „. . . weil er mich langweilt mit seiner Frömmigkeit und Heiligkeit", fügte sie rasch hinzu, „und weil ich ihn für einen Menschen halte, der Victor haßt . . ."

Johannes und Herr von Portheim wurden unter der Balconthüre sichtbar . . .

„Verzeihen Sie, meine Herrschaften", lächelte der Baron, „daß ich Sie in Ihrem Stillleben störe . . . Aber die Luft war so herrlich, der Himmel so blau und meine Sehnsucht Landluft zu athmen in Gesellschaft lieber Freunde so groß, daß ich herausfuhr, selbst auf die Gefahr hin, als zudringlich zu erscheinen." Er küßte dabei Clotilden's Hand und in seinen mattgrünen Augen glühte ein Feuer auf, das seinen feinen, blasirten Zügen einen Ausdruck von Leidenschaft verlieh, die man hinter dieser glatten, eleganten, geschniegelten und gebügelten Hülle nicht vermuthet hätte . . .

„Sie sind uns immer ein gern gesehener, willkommener Gast", erwiederte der Commissionsrath, die Hand des Barons lebhaft drückend, „im ersten Augenblick glaubte ich, es sei mein Schwiegersohn, der mich überraschen wollte, bis ich Ihre himmelblaue Berline und Ihre Isabellen erkannte . . ."

„Sie haben Herrn Linden erwartet?", lächelte Herr von Portheim, sich in den Sessel niederlassend und das erhitzte Gesicht mit seinem gelbseidenen Taschentuch fächelnd.

„Finden Sie das so auffällig, Herr Baron?" frug Clotilde, gereizt durch dieses eigenthümliche Lächeln und die spöttische Betonung.

„Allerdings, mein gnädiges Fräulein", fuhr der Baron lächelnd fort, „Herr Victor Linden ist ein so viel beschäftigter Advocat, er führt so sonderbare Prozesse, daß er beim besten Willen sich nicht auf einen halben Tag frei machen kann, um seiner liebens= würdigen Braut" — er verbeugte sich leicht gegen Clotilde — „eine Ueberraschung zu bereiten. Sie blicken mich ungläubig, erstaunt an. Lassen Sie sich erzählen, was mir heut mit ihm begegnet ist."

„Ihnen mit Victor?"

„Mit Linden?" frugen gleichzeitig Clotilde und ihr Vater, während der Pfarrvicar gleichgültig in einem Album blätterte, scheinbar ohne Interesse an dem Gespräch ...

„Ja mir, mit Herrn Victor Linden", wiederholte der Baron, sich eine Cigarre anzündend und von dem Kaffee nippend, welchen ihm der Diener präsentirte. „Sie erinnern sich doch noch des Scandals, der gestern Abend im Theater beim Auftreten der kleinen Adele Mai vorfiel ..."

Clotilde nickte ungeduldig. Schon wieder wurde der Name dieses Mädchens ... in Verbindung mit Victor genannt! Sie fühlte einen Stich in der Brust, der erste

Schmerz der Eifersucht, dieser dämonischen, den Men=
schen, der von ihr erfaßt wird, bis ins Innerste hinein
vergiftenden Leidenschaft.

„Haben Sie davon gehört, Herr Commissionsrath?"
frug Portheim, sich vorbeugend . . .

„Meine Tochter hat mir davon erzählt", erwiderte
derselbe.

„Gut. Also heute Vormittag begegne ich in der
innern Stadt Herrn Linden, der eben von ihrer Villa
kam. Schon von Weitem bemerkte ich eine gewisse
Verstimmung in seinen Zügen. Ich wollte ihm aus=
weichen, aber er bemerkte mich, kam auf mich zu, stellte
mich, wie der Jäger das Wild, und sagte mir mit
einigen unhöflichen Redensarten verbrämt, ich wäre
der Anstifter des Scandals in der gestrigen Opern=
vorstellung. Wäre ich nicht so eminent friedlicher
Natur, so würden wir uns morgen früh im Stadt=
wäldchen schlagen müssen, denn Herr Linden ging in
seinem Rittereifer für Fräulein Mai soweit, mir Dinge
zu sagen, die ich ihm nur Ihretwegen verzieh . . ."
Eine fahle Röthe färbte bei den letzten Worten Port=
heim's blasses Gesicht, das Lächeln um seinen Mund
war verschwunden und ein nervöses Zucken seiner Lippen
verrieth die innere Aufregung, in welche ihn die Er=
zählung des Zusammentreffens mit Victor wieder ver=
setzte . . .

Der Commissionsrath warf einen Seitenblick auf
seine Tochter.

„Es sind das burschikose Manieren, die Victor noch ankleben", meinte er, „Sie dürfen ihm das nicht so übel auslegen."

„Ich glaube auch, daß Sie die Sache ernster genommen haben, als sie es verdient", sprach Clotilde mit einer äußeren Gleichgültigkeit und Kälte, die den Baron unangenehm überraschte, „Victor ist leicht reizbar, aber jedenfalls macht er sich nicht so lächerlich, sich zum Ritter einer Theaterprinzessin aus dem Chor aufzuwerfen". Ueber das Gesicht des Pfarrvicars, der bis dahin ein stummer Zuhörer gewesen, flog ein eignes Lächeln.

Er war ein zu guter Menschenkenner, um nicht aus diesen letzten Worten seiner Cousine das Grollen der Eifersucht herauszuhören. Nein, Clotilde hätte nimmermehr eine solche Aeußerung über das Mädchen gethan, wenn sie sich nicht tief verletzt gefühlt hätte. Aber ihr Stolz ließ es nicht zu, dies offen kundzugeben . . .

„Auch ich meine", sagte Johannes dann langsam mit seiner süßlich weichen Stimme, seine dunklen Augen zu Clotilde erhebend, „daß Sie Herrn Linden nachsichtig beurtheilen müssen. Er ist ein geborner Anwalt aller Unterdrückten und Schwachen", — Clotilde zuckte zusammen, er wiederholte ihre eignen Worte, — „und hat er Dir nicht einmal, Cousine, ich denke so Etwas gehört zu haben, einen ähnlichen Dienst erwiesen?"

Eine lautlose Stille trat ein.

Diese Worte hatten Clotilde ins Herz getroffen. Sie war todtenblaß geworden. Der Commissions= rath starrte den Pfarrvicar sprachlos an und selbst Herr von Portheim warf einen scheuen Blick auf den jungen Geistlichen, der ruhig, harmlos sein dunkles, weiches Haar hinter die Ohren strich und dann fort= fuhr in dem Album zu blättern . . .

Der Commissionsrath war der Erste, der das peinliche Schweigen brach.

„Ich will nicht hoffen, Johannes", sprach er rauh und haftig polternd, während seine Stirne eine braun= röthliche Farbe annahm und seine Hände heftig in dem kurzen, leicht ergrauten Haare wühlten, „daß Du zwischen einem Vorfall, der vor längerer Zeit passirte, und dem heutigen Rencontre Victor's mit Herrn von Portheim einen Vergleich ziehen willst . . . Clotilde und diese Komödiantin . . ." Er schloß mit einem rauhen, ärgerlichen Lachen.

„Aber diese Komödiantin soll schön sein, Onkel, sie wird auch jene Künste besitzen, wie sie allen diesen Geschöpfen eigen sind, deren Seelen dem Verderben verfallen sind und in Herrn Linden liegt etwas Sympa= thetisches für solche Naturen . . ."

Clotilde erhob sich.

„Ich danke Ihnen, Herr von Portheim, für Ihre Mittheilung, und Dir, Vetter Johannes für die freund= liche Nachsicht, mit der Du das Benehmen Victor's entschuldigst, aber ich bin nicht in der Stimmung,

länger eine Unterhaltung weiter zu führen, die An=
gelegenheiten betreffen, über die nur Victor und ich
zu entscheiden haben. Entschuldigen Sie mich, meine
Herren . . . Auf Wiedersehen, Papa . . ."

Sie ging nach dem Innern des Schlosses.

Der Commissionsrath und Herr von Portheim
blickten dem jungen Mädchen bestürzt nach. Johannes
trat an die Brüstung und ließ seine Augen über die
Landschaft schweifen . . .

Plötzlich wandte er sich um und sagte im ruhigsten
Tone, als ob nichts vorgefallen wäre: „Ich reise über=
morgen ab, Onkel. Ich habe heute früh einen Brief
aus Basel erhalten. Du wolltest mir einen Brief
an das Haus Merian mitgeben, ich bitte Dich darum,
die paar Zeilen zu schreiben . . ."

Der Commissionsrath nickte, nahm stumm den Arm
des Barons und ging mit ihm hinab in den Garten
des Schlosses . . .

Johannes war allein auf dem Balcon geblieben.
Da fiel sein Auge auf eine dunkelrothe Sammetschleife
am Boden, die aus Clotilden's Haar gefallen war.

Er warf einen scheuen Blick nach der Glasthür,
die von der Plattform in das Innere des Schlosses
führte. — Niemand sah ihn. Hastig raffte er die
Schleife auf, drückte einen Kuß auf das von dem
feinen Haarparfüm duftende Band und verbarg es in
seiner Brusttasche. —

4*

Während der Heimfahrt von Friedrichshain nach der Stadt war die kleine Gesellschaft sehr einsylbig und ernst. Clotilde sprach gar nicht und sah gedankenvoll in die abendliche Landschaft hinaus. Schwere Nebel waren aufgestiegen und schwebten über Wiese, Feld und Wald.

Mit dem letzten Sonnenstrahl war auch der liebliche Duft verschwunden, der sonnigen Herbsttagen einen so eignen Reiz verleiht. Grau war der Himmel, rauh die Luft, mit schwerfälligem Flug flogen Krähen und Dohlen über die Felder, gelbes Laub schüttelte der Wind von den Bäumen und trieb es über die kahlen Stoppelfelder.

Vergebens bot Herr von Portheim, welcher in dem Wagen des Commissionsraths mitfuhr und den Kutscher mit seiner himmelblauen Berline allein nach Hause geschickt hatte, seine ganze Liebenswürdigkeit auf, ein Lächeln Clotilden's hervorzulocken. Auch der Commissionsrath machte vergebliche Versuche, Clotilde in die Unterhaltung zu ziehen . . . Seine Bemühungen hatten etwas Rührendes, denn er liebte seine Tochter in der That abgöttisch und ihre Verstimmung drückte ihn peinlich. Nur der Pfarrvicar war ruhig, gleichgültig und schien Clotilden's verändertes Wesen, ihre Traurigkeit und Einsylbigkeit nicht zu bemerken . . .

Er sprach mit dem Onkel von seiner bevorstehenden Abreise, erkundigte sich nach einigen Geschäftsfreunden des Commissionsraths und bat in halb scherzhaftem, halb ernsthaftem Tone Clotilde, auf ihrer zukünftigen Hochzeitsreise ihn in Basel zu besuchen.

So erreichten sie die Stadt. Herr von Portheim stieg in der Vorstadt aus, eine Einladung zum Abend= essen bei dem Commissionsrath, ablehnend; Clotilde schützte Müdigkeit und Abspannung vor und bat ihren Vater, ihr eine Tasse Kaffee auf ihr Zimmer zu schicken, küßte ihn auf die Stirn und ging, Johannes eine frostige gute Nacht wünschend.

Schlief Clotilde schon, als Johannes, dessen Schlaf= cabinet dem seiner Cousine gegenüber lag, nach zehn Uhr in sein Zimmer trat?

Vergebens spähte er hinüber nach ihren Fenstern. Lampenschein glänzte zwar noch da drüben, aber die Vorhänge und Rouleaux waren herabgelassen und ver= wehrten seinen Blicken einzudringen.

Clotilde schlief nicht. Mit aufgelösten Flechten, das Gesicht mit den Händen bedeckt, saß sie vor ihrem Nachttisch. Das dunkle, lange Haar fluthete über die weißen Schultern, das schöne, stolze Haupt war vor= wärts gebeugt, Thränen perlten langsam an den schlan= ken, zarten Fingern herab, die sie gegen die Augen gedrückt hatte.

Sie hatte lange gegen den Ausbruch ihres Schmer= zes gekämpft.

Tief im Innersten fühlte sie sich durch Victor's Untreue verwundet. Was war ihm dieses Mädchen, diese Adele, für die er in die Schranken trat? Das war nicht blos Mitleid, das war ein heißeres, tieferes Gefühl. Morgen war ihr Geburtstag ... Wie hatte sie sich darauf gefreut; der erste Geburtstag als Braut. Und nun trat dieses Mädchen, diese Komödiantin, zwischen sie und Victor, diese Coquette.

Keine Leidenschaft ist ungerechter, als die Eifer= sucht ...

Ein Gefühl bittern Hasses gegen Adele zog in Clo= tilden's Brust ein, das selbst im Schlaf nicht von ihr wich. —

Sie hatte eine unruhige Nacht voll böser Träume, und als der Morgen graute fuhr sie jäh und tief er= schrocken aus dem Schlummer empor; ihr Fuß war auf eine bunte, schillernde Schlange getreten, die sich züngelnd emporbäumte. Die Schlange war Adele, die Verführerin ...

—————

Auch für Victor war der Tag, der mit so tief= schmerzlichen Empfindungen für Clotilde schloß, ein sehr trüber gewesen. Die Begegnung mit Baron Port= heim hatte seine Stimmung noch mehr verdüstert und ein Besuch, den er bei dem ihm bekannten alten Re= gisseur des Theaters gemacht, um die Entlassung Adelen's abzuwenden, hatte die dunklen Wolken auf seiner Stirn nicht aufhellen können ...

Der alte Mann, der Victor's Mutter noch in ihrer Blüthezeit als Sängerin gekannt und sie als Künstlerin,

wie als Weib hochschätzte, hatte ihn zwar aufs Freund=
lichste empfangen.

„Es ist merkwürdig“, hatte er ihm, die Hand
drückend, gesagt, „wie sehr Sie der Mutter ähneln.
Das blonde Haar, die blauen Augen und was mich am
Meisten ergreift der Klang der Stimme. Nur ist Alles
bei Ihnen in's Männliche übersetzt.“

Als aber Victor auf den Zweck seines Besuchs zu
sprechen kam, zuckte der Alte bekümmert die Schultern.

„Hierin hat mein Einfluß ein Ende“, seufzte er,
„Sie kennen ja den Director so gut wie ich. Ich habe
schon mit ihm darüber gesprochen vor Absendung des
Kündigungsbriefes. — Portheim hat ihm nicht nur
Geld vorgeschossen, sondern besitzt auch unter der so=
genannten Haut=volée einen großen Einfluß. Um kei=
nen Preis wird sich der Director mit einem solchen
viel vermögenden Mann entzweien. Noch dazu, Sie
verstehen mich, ich rede im Geiste des Directors, um
einer solchen Kleinigkeit willen. Was will diese roman=
tische Tugendheldin, diese sentimentale Zierpuppe? ant=
wortete er mir. Ueber Kurz oder Lang wird ihr Ge=
schick sie doch erreichen. Herr von Portheim ist noch
nicht der „Schlimmste“.

„Und was antworteten Sie auf eine so bodenlose
Gemeinheit?“ frug zornbebend Victor . . .

„Nichts. Ich ließ ihn stehen und ging. Ich weiß,
daß ich nichts ändern kann, ich habe es oft genug ver=
sucht, aber vergebens. Mit dem ersten Januar ziehe ich

mich ohnedies in den Ruhestand zurück; ich habe einen tiefen Ekel an Zuständen, die das Theater noch tiefer herabwürdigen, als zu einer bloßen Schaubude für stumpfsinnige Neugier und übersättigte Schwachköpfigkeit." Victor drückte dem Alten stumm die Hand.

Gedankenvoll ging er nach Hause. Die trostlose Lage des armen jungen Mädchens, das noch für die kränkliche Mutter zu sorgen hatte, beschäftigte ihn den ganzen Abend.

Es war Abends zehn Uhr; er saß allein in seinem Zimmer. Er hatte in einem philosophischem Werke gelesen, das den Titel führte: „Ueber die Existenz der Seele". Die Lectüre hatte ihn anfänglich mächtig erregt, dann aber hatte er sich dem Spiel seiner Gedanken hingegeben und war in düstere Grübeleien über Tod und Leben und das ewig unlösbare Geheimniß, das Himmel und Erde verbindet, versunken . . .

Da klopfte es an seine Thür, hastig dreimal rasch hinter einander und noch ehe er das Herein rufen konnte, stand Adele vor ihm. Sie war sehr blaß und zitterte . . .

„Um Gottes willen, Herr Linden . . . kommen Sie . . . meine Mutter . . . meine Mutter . . . stirbt . . ."

Er sprang erschrocken auf . . . Ihre Glieder flogen, wie von Fieberfrost geschüttelt, die Augen irrten unstät umher . . .

„Kommen Sie . . ." hauchte sie tonlos . . .

„Fassen Sie sich, Adéle . . . Noch ist vielleicht Rettung möglich . . ." sprach er, als sie die Treppe hinauf zu dem Dachstübchen stiegen . . .

Ein Nachtlicht erhellte matt das kleine Zimmer. Es sah nicht ärmlich aus. Das Mobiliar deutete noch auf bessere Zeiten, und ein elegantes Clavier, die Frucht mühseliger Ersparnisse von Mutter und Tochter, gab der bescheidenen Wohnung sogar den Schein behaglicher Wohlhabenheit, in der nicht nur für das Nothwendige und Nützliche, sondern auch für das Angenehme gesorgt ist . . .

Die Kranke lag still in ihrem Bett. Die Augen waren halb geschlossen, der Athem ging kurz, unregel= mäßig, auf der Stirne perlten einzelne Tropfen Schweißes . . .

Linden hatte schon an manchem Sterbelager ge= standen und die letzten Aeußerungen jener geheimniß= vollen Kraft, die wir Leben nennen, beobachtet.

Adele hatte sich nicht getäuscht. Ein Blick sagte ihm, daß der Todesengel, der unsichtbare Zerstörer, der täglich, stündlich mit seinen dunklen Fittigen unsere Häuser umkreist, diese bleiche Stirne mit seinem Finger berührt hatte.

Draußen regnete es. Die Tropfen fielen schwer und plätschernd auf das Dach, von Zeit zu Zeit erschütterten heftige Windstöße das alte Gebäude . . .

Plötzlich richtete sich die Sterbende in ihrem Bett empor.

„Wie viel Uhr ist es, Adele?" frug sie in wunder= bar ruhigem, festen Tone.

Ein flüchtiger Strahl der Hoffnung färbte Adelen's Stirne . . .

„Fünf Minuten nach Zehn, meine gute Mutter", flüsterte sie und schlang den Arm um die Schulter der Kranken . . .

„Ich danke Dir, mein liebes Kind . . . um elf Uhr kommt er . . ."

„Wer, wer kommt um Elf, Mutter . . .", frug ernstlich Adele.

„Der Vater . . . Vergangene Nacht hat er es mir gesagt . . ."

Ihr Blick fiel auf den jungen Mann, den sie jetzt erst bemerkte.

„Sie hier, Herr Linden? . . . Ich danke . . . danke vielmals" . . . Sie reichte ihm ihre blasse, durchsichtige, abgezehrte Hand . . . Mit Mühe ver= barg Victor seine tiefe Bewegung.

„Warum weinst Du, mein Kind? . . ." Sie küßte Adele auf die Stirne.

„Du warst mir immer eine gute, treue Tochter . . . Gott wird es Dir wohl ergehen lassen . . . so lange Du lebst . . ."

Erschöpft sank sie in die Kissen zurück . . . Eine tiefe, lautlose Stille herrschte in dem Dachstübchen . . .

Selbst der Athem der Sterbenden schien schon zu stocken. Man hörte Nichts, als das eintönige Geräusch der auf dem Dache niederfallenden Regentropfen und das Tick=Tack der alten Wanduhr . . .

„Wie viel Uhr?" frug die Kranke nach einer Weile von Neuem leise, aber mit einer gewissen fieberhaften Ungeduld . . .

„Drei viertel auf Elf . . . Mutter", antwortete Adele mit erstickter Stimme. Sie war neben dem Bett auf die Kniee gesunken und ihre Thränen überströmten die kalte Hand der Sterbenden . . .

„Wie langsam die Zeit vergeht . . ." flüsterte sie leise und sank in die Kissen zurück.

Die Hände griffen geisterhaft in die Luft . . . als suchten sie eine Schattengestalt zu fassen . . .

Da ging eine merkwürdige Veränderung in den Zügen der Sterbenden vor . . .

„Mutter, Mutter . . . Du stirbst", schrie Adele in wildem Schmerze auf . . . und sank ohnmächtig am Bett zusammen.

Die Uhr schlug Elf . . . Die Mutter war todt.

Tieferschüttert, die Hände gefaltet knieete Victor neben dem bewußtlosen Mädchen . . . —

Clotilde war doch ein Kind des Glückes. Als sie am Morgen ihres Geburtstags erwachte, strahlte der Himmel; der in verflossener Nacht kalte Regenschauer niedergesendet, in schönster Bläue, durchfluthet vom reinsten Sonnengold . . .

Eine sanfte Musik schallte zu ihr aus dem Park herauf, süße, weiche Klänge.

Sie richtete sich auf im Bett, stützte den schönen, runden Arm auf das Kopfkissen und ließ ihre Augen träumerisch über die Wipfel der Bäume gleiten . . .

Das lange, volle, weiche, dunkle Haar rollte über das weiße, spitzenbesetzte Nachtkleid tief herab; der warme, rosige Duft, mit welchem der Gott des Schla= fes sie angehaucht, lag auf ihren Wangen, sie war reizend wie der junge Tag. Trotzdem, daß sie schlecht geschlafen und arg geträumt hatte.

Ach, die goldene Jugendzeit überwindet dies Alles; nur auf Gesichtern, von denen der Frühlingsglanz des Lebens gewichen ist, werfen schlechte Nächte und böse Träume ihre grauen Schatten und ihre tiefen Furchen . . .

Sie klingelte. Ihr Mädchen erschien mit einem Bouquet frischer, duftiger Blumen. Sie gratulirte ihrer jungen Herrin und theilte ihr mit, daß der Commissionsrath, Vetter Johannes und Herr von Portheim schon im Salon warteten, um dem Ge= burtstagskinde ihre Glückwünsche darzubringen . . .

„Und Victor?" frug Clotilde, auf deren weißer Stirn sich eine leichte Wolke zeigte.

„Ich habe den Herrn Rechtsanwalt noch nicht ge=
sehen", antwortete das junge Mädchen.

Die Morgentoilette war bald beendet.

Clotilde stand, das Haar noch einmal leicht mit
der Hand glättend, vor dem Spiegel, als es klopfte
und gleich darauf ihr Vater hereintrat.

„Papa!" rief sie und flog ihm entgegen.

Der Kaufmann schloß das schöne, junge Mädchen
zärtlich in seine Arme und drückte einen Kuß auf ihre
blühende Wange . . .

„Der liebe Gott will Dir wohl", sprach er, „sieh
nur welch' schöner, prächtiger Tag zu Deinem heutigen
Feste. Wer hätte das heute Nacht, als der Sturm und
Regen raste, ahnen können . . . Komm, komm, mein
Tildchen . . ." Und Arm in Arm mit ihr trat er in
den kleinen Salon, wo die Familie gewöhnlich ihr
Frühstück einnahm. Cousin Johannes und Herr von
Portheim kamen ihr entgegen . . .

„Der Herr möge Deine Tage segnen und die Furcht
Gottes Dich begleiten auf allen Deinen Wegen, meine
theure Clotilde . . ." sprach Johannes, während Herr
von Portheim in jenem halbflüsterndem Tone, voller
Glätte und Eleganz, alle mythologischen Genien und
Göttinnen, die Grazien natürlich inbegriffen, beschwor,
um Clotilden's Lebenspfad zu verschönern, mit Blumen
und Goldstaub zu bestreuen und sie in den Tempel des
Glücks zu geleiten, den die Liebe und die Freundschaft
aufbauen . . .

Clotilde dankte freundlich, aber ihr Blick flog unruhig auf die Straße hinab.

Weder die Brillant=Brosche, die ihr der Vater
in einem Bouquet köstlicher Blumen entgegenbrachte,
noch der prachtvolle indianische Ballfächer, den Herr
von Portheim auf ihrem Geburtstagstischchen neben
dem mit neunzehn brennenden Wachslichtern gezierten
Geburtstagskuchen — Herr Weber hielt auf diesen
alten Brauch — niedergelegt, vermochten ihre Auf=
merksamkeit zu fesseln.

Das prächtige, in Sammet gebundene, mit einem
goldnen Kreuze gezierte Gebetbuch, welches ihr Johannes überreicht, drehte sie unruhig und ohne die
salbungsvolle Widmung auf dem weißen Velin=Titel=
blatt zu lesen, zwischen den Fingern . . .

Da öffnete sich die Thüre und herein trat Victor.
Er sah bleich und angegriffen aus. Die Gemüths-
erschütterung der vergangenen Nacht, die Erinnerung
an die verlassene Adele hatten seinem Gesicht einen
tiefen Ernst aufgeprägt.

Aber beim Anblick seiner reizenden Braut flog
doch ein Lächeln über seine Züge . . .

Auch in Clotilde flammte die Liebe mächtig empor.
Sie eilte ihm entgegen und ihm beide Hände mit einem
süßen, zauberischem Lächeln entgegenstreckend, flüsterte
sie ihm zu:

„Kommst Du endlich? . . .“ O, daß diese fremden
Augen ihn anstarrten, dieser heilige Missionar Jo-

hannes und dieser blasirte Herr von Portheim, der jetzt herantretend, in seinem leisen Flüsterton zu Victor näselte:

„Auf Ehre, Herr Rechtsanwalt, Sie heißen nicht nur Victor, Sie sind auch ein Victor ... Und wenn ich alle Schätze Perus vor dem gnädigen Fräulein ausgebreitet, ich hätte dieses Lächeln nicht hervor= zaubern können, das Ihr Erscheinen hervorrief ..."

Victor war nicht in der Stimmung, auf diese Bemerkung etwas zu erwidern. Er zuckte leicht die Achseln und Clotilden's Hände an seine Lippen drückend sah er ihr mit einem Blick tiefer Bewegung und Zärt= lichkeit in die Augen.

O, wenn er doch nur eine einzige kurze Minute mit ihr allein gewesen wäre.

Aber schon drängte der Commissionsrath, der in= dessen der Dienerschaft Befehl gegeben, das Frühstück aufzutragen, zum Platz nehmen.

„Gleich, gleich, Papa", lachte Clotilde schelmisch, „aber siehst Du nicht, daß Victor zuvor noch sein Geburtstagsgeschenk los werden will?" Und sie zog ein in Rosapapier gewickeltes Papier aus seiner Brust= tasche und streifte hastig die Hülle ab ...

Ein erstauntes, freudiges „Ah!" entfloh ihren Lippen.

„Ein schönes Diadem, muß viel Geld gekostet haben", rief der Commissionsrath bewundernd aus ...

Auch Johannes trat näher, seine dunklen Augen fest auf den kostbaren Schmuck gerichtet, während Herr von Portheim sich das Augenglas eingeklemmt und mit einem nicht schlecht affectirten Ausdruck der Verwunderung bald Victor, bald das Diadem anstarrte.

„Seiner Clotilde zum zwanzigsten October. Victor Linden", las flüsternd das junge Mädchen, aufleuchtend vor Freude und die fremden Augen, die auf sie gerichtet waren, ganz vergessend, gab sie einen feurigen Kuß dem Geliebten, der glücklich über die Freude seines Mädchens sie stumm an sein Herz drückte.

„Seiner Clotilde zum zwanzigsten October ... Victor Linden ..." wiederholte näher tretend in seinem näselnden Tone Herr von Portheim, sein Lorgnon fester gegen das Auge drückend, „wahrhaftig, lieber Linden, Sie sind ein ... ein Herenmeister ... so eine Art Aladin mit der Zauberlampe ... aus dem Dings da ... da ... wie heißt die Oper ... richtig, die Rosenfee ... „Darf ich bitten, gnädiges Fräulein". Und er streckte die Hand nach dem Diadem aus.

Clotilde stand unbeweglich, wie eine Statue ... Die Rosenfee ... Das Wort war ihr, wie ein spitzer Stahl ins Herz gedrungen, noch mehr der Spott, der in dem Tone Portheim's und in dem Ausdruck seines Gesichtes lag.

„Aber was ist denn das?" fuhr der Baron fort, „täusche ich mich oder haben Sie ein Magazin von Diademen, lieber Linden? Diese Blumenarabesken aus Rubinen und Diamanten, ah, Sie neuer Cäsar — hat nicht die kleine Mai neulich in der Rosensee dasselbe Diadem oder ein ganz Aehnliches getragen? . . ." —

Victor war sehr blaß geworden, man sah es ihm an, wie er unter dem Eindruck dieses peinlichen Auftrittes litt — und er war zu stolz, um in Gegenwart dieser Menschen Clotilde eine Aufklärung zu geben.

„Dasselbe", antwortete er kalt. Clotilden's Hand entglitt das Diadem; klirrend fiel es auf den Parquetboden . . . Sie schwankte, eine Leichenblässe überzog ihr Gesicht.

In diesem schrecklichen Augenblick, schrecklich für Clotilde und Victor, welche die Opfer eines traurigen Mißverständnisses, einer unbegründeten Eifersucht, eines falschen Stolzes und einer niedrigen Bosheit waren, trat der Commissionsrath, der bis dahin ein überraschter und stummer Zuhörer geblieben war, mit jener Barschheit, die bei ungebildeten Menschen mit der Grobheit so nahe verwandt ist, auf den jungen Mann zu.

„Eine Komödiantin hat diesen Kopfschmuck getragen, den Sie meiner Tochter anbieten. Ich finde ein solches Benehmen merkwürdig, Herr Linden, ja, ich wiederhole es, sehr merkwürdig. Es ist das . . .

zum mindesten eine ... eine Taktlosigkeit" und die höckerige, niedere Stirn des Commissionsraths färbte sich dunkelroth vor Zorn, „die ich kaum verzeihen kann ... selbst, wenn Clotilde es thun sollte ..."

„In der That ... ich finde auch", warf Herr von Portheim ein, vollendete aber nicht, eingeschüchtert durch einen Blick Victor's. Der Commissionsrath aber, ermuthigt durch diese zustimmende Bemerkung und durch das Schweigen Clotilden's, fuhr aufgeregt fort:

„Einer Ballettänzerin, einer Komödiantin! Aber, mein Gott, Clotilde ... was ist Dir ... Du wirst blaß ... um Gottes Willen, meine Herren ... Sie wird ohnmächtig ... einen Arzt ... Herr ... Sie sind der Mörder meines Kindes ..." Und er fing das schwankende Mädchen in seinen Armen auf und ließ sie in ein Fauteuil sinken.

Die einzelnen Momente dieses Auftritts folgten sich so blitzesschnell, daß Victor, welcher die ganze Tragweite desselben erst begriff, als der heftige Zorn=ausbruch des Commissionsraths über ihn hereinbrach, nicht einmal soviel Zeit mehr hatte, um ein auf=klärendes Wort zu sprechen.

Clotilde war nicht ohnmächtig, aber in einem Zu=stande der Aufregung, der das Schlimmste befürchten ließ. Die schlechte Nacht, die Gemüthsaufregungen des Morgens, der Eindruck, den die Antwort Victor's auf Portheim's Frage auf sie gemacht — Alles das wirkte überwältigend auf das junge Mädchen ein. Die Qualen der Eifersucht steigerten ihren Schmerz bis zum Unerträglichen.

„Clotilde" ... Victor sprach es mit halberstickter Stimme, ihr seine Hand entgegenstreckend ... Ein einziges freundliches, begütigendes Wort aus Clotilden's Mund würde Victor's Stolz gebrochen, ihn vermocht haben, eine Aufklärung über seine Beziehungen zu Adele zu geben ...

Aber Clotilde sprach dieses Wort nicht.

Ihre Eifersucht erblickte in der Bewegung Victor's, in dem halblauten Flüstern ihres Namens ein Eingeständniß seiner Schuld, eine Bitte um Verzeihung ...

Ihr Stolz empörte sich dagegen, eine Nebenbuhlerin um Victor's Liebe gehabt zu haben — ihr Stolz, der so arg gedemüthigt wurde, in Gegenwart ihres frommen Vetters, dessen dunkle Augen durchbringend auf ihr ruhten und des Herrn von Portheim, dessen mitleidiges Lächeln ihr eine brennende Schamröthe auf die bleichen Wangen trieb ...

„Clotilde", bat Victor noch einmal.

Sie wehrte ihn mit der Hand ab. Stolz, eisig, wortlos ...

„Mein Herr ..." sprudelte der Commissionsrath außer sich, „begreifen Sie nicht, daß Ihre Gegenwart für meine Tochter unter solchen Umständen unerträglich ist? ...

5 *

„Vater! . . ." wollte sie aufschreien; sie fühlte an Victor's Erbleichen, daß diese Beleidigung tödtlich war, tödtlich für ihre Liebe, für ihre Zukunft.

Aber Victor zerriß jetzt selbst das letzte Band.

„Beruhigen Sie sich, Herr Commissionsrath", sprach er kalt und stolz, obwohl sein Blut kochend durch seine Adern schoß, „ich gehe schon, ich gehe und werde Niemandem in diesem Hause durch meinen Anblick wieder lästig fallen . . . Aber vergessen Sie nicht, daß der wahre Seelenadel weder nach Stand, noch nach Reichthum fragt, Herr Commissionsrath, und daß die Stirne einer Komödiantin ebenso rein sein und mit demselben Stolz ein Diadem tragen kann, wie die der Tochter des reichen Kaufherrn, vergessen Sie nicht in Ihrem Uebermuth des Reichthums, daß die arme Schauspielerin Adele Mai vielleicht mehr Recht auf Ihre Achtung hat, als so manche der vornehmen Damen, vor welchen sie tief den Rücken bücken, nur weil sie ein Wappen auf ihrem Kutschen= schlage haben . . ."

Und mit einer stummen Verbeugung entfernte er sich.

Herr von Portheim zuckte verächtlich die Achseln . . ., während der Commissionsrath purpurroth vor Zorn, vergebens nach Worten haschte . . .

„Seien Sie froh, daß Sie den Menschen los sind", näselte Baron Portheim, „und beruhigen Sie sich über diese Phrasen, die auf eine Stunde weit nach Dema= gogenthum und Communismus riechen . . ."

„Gewiß, Onkel, preisen Sie Gott, daß er Sie befreit hat von dem Unwürdigen ... und sehen Sie lieber nach Clotilde, die jetzt in der That ohnmächtig ist", sagte der Pfarrvicar, indem er ein Flacon mit Eau de Cologne vom Nipptisch nahm und sein feines Taschentuch benetzend dem jungen Mädchen damit leicht die Schläfen rieb. —

Es war Alles vorbei, Alles aus. Das Gesicht mit den Händen bedeckt saß Victor vor seinem Schreibtisch; zu seinen Füßen lag die Enveloppe des Diadems, das ihm Clotilden's Vater mit folgenden Zeilen zugeschickt hatte:

„Im Namen meiner Tochter erhalten Sie anbei das Diadem zurück, welches Sie gestern mitzunehmen vergessen hatten. Im Uebrigen bitten wir beide, ich und Clotilde, die Verbindung, die zwischen Ihnen und uns bestand, als gelöst zu betrachten. Sollte ich Sie gestern gekränkt haben, so bitte ich Sie um Entschuldigung und beiliegendes Honorar für Ihre geleisteten Dienste mag Ihnen zum Beweis dienen, wie hoch ich dieselben zu schätzen weiß ..."

Diesem Brief hatte eine Anweisung von tausend Thalern beigelegen. Nichts hätte Victor mehr empören, ihn tiefer beleidigen können ...

Er hatte an dem Commissionsrath keine Forderung — und die tausend Thaler konnten nur die Bedeutung haben, ihm den Verlust Clotilden's leichter ertragen zu lassen. „O, diese Brutalität des Geldes" murmelte er, das Papier zusammenballend, „wie arm sind doch diese Reichen an echtem Menschenstolz, welche geringe Begriffe von Menschenwürde besitzen sie."

Daß aber Clotilde, denn sie mußte doch um den Brief wissen, ihm so Etwas bieten konnte, das erfüllte sein Herz mit unaussprechlicher Bitterkeit.

Mit einem kurzen Billet schickte er die Anweisung zurück — sein Schreiben mit den Worten schließend:

„Betrachten wir die Vergangenheit, als wenn wir uns niemals gekannt hätten, niemals . . ."

Wenn er hätte ahnen können, daß Clotilde von diesem Schritt ihres Vaters nichts wußte, vielleicht wäre eine Wiederannäherung möglich gewesen, aber mit jener Annahme war das Band zwischen ihr und ihm zerrissen auf — immer.

Victor ließ die Hände vom Gesicht sinken und starrte hinaus in den grauen, trüben Herbsttag. Herbstlich-öde und trübe sah es auch in seinem Innern aus.

Da polterte es draußen auf der Treppe, mehrere Männerstimmen wurden hörbar.

Victor öffnete die Thüre. Tischlergesellen trugen den Sarg für Abelen's Mutter hinauf. Er folgte ihnen. Als er in das kleine Dachstübchen trat, fand

er Adele am Fenster sitzend, bleich, die Augen vom
Weinen trübe und geröthet . . . Sie hatte die Hände
gefaltet und blickte hinauf zum Himmel.

Er schritt auf sie zu und reichte ihr stumm die
Hand. Bei seinem Anblick schossen ihr wieder die
Thränen aus den Augen; leise weinend sank sie auf
den Stuhl zurück.

„Sie schlummert in Frieden", sagte er, sich müde
in den Armsessel der Gestorbenen setzend, „gönnen
Sie ihr die Ruhe nach den Stürmen des Lebens.
Wenn des Menschen Zeit auf dieser Erde erfüllt ist,
dann geht er gern heim, wie Einer, der sich erschöpft
von der Tagesarbeit nach dem Schlafe sehnt."

Adele flüsterte weinend:

„Ich weiß es, ihr ist wohl, sie ist beim Vater . . .
aber ich bin nun allein . . . ganz allein . . ."

Es entstand eine Pause. Victor wollte ihr noch
ein tröstendes Wort sagen, aber er fühlte dazu weder
die Kraft in sich, noch den Muth.

Stumm reichte er ihr dann zum Abschied die Hand.

„Dem Einen stirbt die Hoffnung, dem Andern
das Leben . . ." sagte er, „und doch bleibt Jedem eine
Begleiterin, die ihn nie verläßt, so lange er noch wirken
kann, die Pflicht."

Am andern Morgen erfüllte er die letzte Pflicht
gegen die Verstorbene, indem er ihr mit einigen Nach=
barn das Geleite zu ihrer Ruhestätte gab.

Auf dem Wege zum Friedhofe begegnete ihm ein Wagen, in welchem ein Herr und eine Dame saßen. Sie erkannten sich. Es war Clotilde, die mit ihrem Vater hinaus nach Friedrichshaide fuhr. Sie sah sehr blaß aus und als sie ihn erblickte, zog sie rasch den schwarzen Schleier über das Gesicht.

Auf ihn hatte die Begegnung einen schmerzlichen Eindruck gemacht. Er hatte unwillkürlich die Hand gegen das Herz gedrückt. So war gestern doch noch nicht Alles vorbei — noch nicht Alles aus gewesen . . .

Aber diese Begegnung, das war das Ende. Wenn zwei Menschen, die sich einst nahe standen, einst liebten, einander begegnen und Eins an dem Andern vorüber= geht, stumm, ohne einen Gruß, einen Blick zu wechseln, dann erst fühlt man, daß man sich fremd geworden ist, daß Eins das Andere verloren hat . . .

Als dann der Sarg in das Grab hinabgelassen wurde, die Männer mit dem Todtengräber ein stilles Vaterunser gebetet hatten und er die drei Hände voll Erde hinab geworfen, dann war es ihm, als habe er nicht Adelen's todte Mutter, sondern seine Liebe be= graben. Die Männer gingen und er blieb allein bei dem offnen Grab.

„Leb' wohl, Clotilde!" murmelte er, setzte sich dann nieder auf einen alten Leichenstein und weinte bitterlich. —

Schneewolken am Himmel, Schneeflocken in der
Luft, Schnee auf den Feldern und Wiesen und Schnee
auf den stillen Gräbern des Friedhofs . . .

Obwohl es erst Nachmittag um die vierte Stunde
war, dunkelte es doch schon. Zwei Gestalten standen
an einem Grabhügel, der am Fuße einer Tanne auf-
geworfen war.

Sie standen Hand in Hand, die Blicke auf den
beschneiten Erdaufwurf gerichtet, unter welchem die
Hülle einer armen, alten, vielgeprüften Frau ruhte . . .

„Laß uns gehen, Adele . . . Die Nacht bricht
herein und unsere Freunde werden warten."

Das Mädchen hob den feinen Kopf mit dem blassen
Gesicht und den sanften Augen zu dem jungen Mann
empor . . .

„O, Victor", flüsterte sie furchtsam, sich an den
jungen Mann schmiegend, „wie ist Alles hier ringsum
so still, so todt, so kalt . . . Und unter dieser kalten
Erde, unter dem kalten Schnee schläft meine Mutter...
O, Victor, Victor, antworte mir, ist nun Alles aus,
Alles vorbei . . . ist nichts mehr von meiner Mutter
geblieben, als ihre Gebeine, die da unten in Staub
zerfallen?" Wie ein flehender Hilferuf aus angst-
erfülltem Herzen rang sich die Frage aus ihrer Brust
los und ihr Auge hing in banger Erwartung an seinem
Munde . . .

„Ich glaube es nicht, daß Alles aus, Alles vorbei
ist. Mein Gefühl, meine Vernunft sträubt sich gegen

den Gedanken. Mit einem solchen Ende wäre mir das
Leben nur ein grausames Puppenspiel . . . Unsichtbar
und geheimnißvoll ist das Band, das Erde und Himmel
verbindet. Ich sehe es nicht, aber ich fühle sein Dasein
und mit jedem Schritt mehr vom Tage meiner Geburt
abwärts fühle ich, wie der Zug immer unwiderstehlicher
wird. Jemehr wir uns vom Anfang unseres Lebens
entfernen und seinem Ende nähern, desto stärker wird
seine Gewalt."

Adele senkte schweigend das Köpfchen und schritt
gedankenvoll neben dem jungen Manne her. „O, Gott
. . . Das Stillliegen in der feuchten, schwarzen Erde",
flüsterte sie zusammenschaudernd, „und die ewige Nacht
und die Würmer."

„Die existiren nicht für die, welche da unten schlum=
mern, das sind Traumgebilde, die nur die Lebendigen
dieser Erde schrecken . . ." antwortete Victor, Adele
näher an sich ziehend . . .

So sprechend gingen sie der innern Stadt zu.

Es war dies kurz nach Neujahr. Ein Zeitraum
von drei Monaten lag zwischen dem heutigen Abend
und jenem trüben Herbstmorgen, an welchem Victor
seine Liebe begraben zu haben glaubte . . .

In dem Leben der Personen, deren Schicksale wir
wahr und treu, wie sie sich ereignet haben, zu erzählen
versuchen, waren während dieser drei Monate große
Veränderungen vor sich gegangen.

Clotilde hatte sich wenige Wochen darauf mit
Baron Portheim verlobt und unmittelbar vor Weih=
nachten war die Hochzeit gewesen.

Wir müssen darauf verzichten, die innere Ent=
wickelung dieses Ereignisses hier ausführlich zu
schildern.

Nur kurze Andeutungen wollen wir geben.

Die Auflösung des Verlöbnisses zwischen Clotilde
und Victor Linden hatte in den Kreisen, in welchen
Clotilde sich bewegte, eine große Sensation erregt.

Die alten Geschichten, welche Victor's Bekannt=
schaft mit der Tochter des Commissionsraths herbei=
geführt, die Duellsache mit dem Offizier und Anderes
tauchten wieder auf mit Zusätzen, Verdrehungen, wie
dies so gewöhnlich ist bei Menschen, die hauptsächlich
vom Familienklatsch und Stadtneuigkeiten ihren Ge=
sprächsstoff holen. Denn so stolz auch unsere Zeit
auf ihre Bildung ist, diese Bildung ist trotzalledem
noch nicht so mächtig gewesen, um aus großen und
zahlreichen Schichten der Gesellschaft das lebhafte
Gefallen und innige Behagen an den Nichtigkeiten
und Kleinigkeiten des Lebens zu verdrängen. Der
Einfluß dieser Strömung ist so stark, daß selbst kräftig
organisirte Naturen und gebildete Köpfe sich zuweilen
von ihr fortreißen lassen.

So finden wir, daß eine große Zahl von Menschen
Gedanken austauschen über Alles, was klein, arm=
selig, kaum der Beachtung werth ist, während Das,

was die höchsten Interessen des Geschlechts umschließt, von ihnen nicht einmal flüchtig gestreift und das Gebiet der Unterhaltung darüber, wie ein verpestetes Land gemieden wird.

Nicht aus Liebe oder auch nur Zuneigung hatte Clotilde dem Willen ihres unablässig in sie bringenden Vaters nachgegeben — und sich mit Baron Portheim verlobt.

Tief verletzt durch Victor's vermeintliche Untreue empfand sie das Bedürfniß, sich zu rächen. Sie glaubte Victor zu hassen, zu verachten ... Und um ihn zu kränken, schreckte sie selbst vor dem Opfer nicht zurück, Herrn von Portheim ihre Hand zu geben. Außerdem wollte sie dem Gerede und Geschwätz der Leute, jener Kreise, deren Bildungsstand und Unterhaltungsbedürfniß wir eben charakterisirt haben, entgehen. So war nun der lebhafte Wunsch ihres Vaters erfüllt, sie war Frau Baronin Portheim — eine vornehme Frau.

Auf Victor hatte die Verlobung Clotilden's und Portheim's nicht den tiefschneidenden Eindruck ausgeübt, den man hätte erwarten können.

Es lag eine dumpfe Atmosphäre um ihn, die alle Eindrücke abschwächte. Die Gleichgültigkeit, mit welcher er im Tageblatt die Verlobungsanzeige las, hatte etwas Unheimliches. „Clotilde Weber und Freiherr Alfred von Portheim." Sein Auge flog flüchtig über das Blatt und ohne ein Wort zu sagen oder eine Miene zu verziehen legte er es ruhig auf seinen Schreibtisch.

Clotilde Weber ... Das war nicht seine Clotilde, die er einst im Herzen getragen, die er geliebt
mit der Kraft eines Mannes, der jeden Augenblick
bereit ist, sein Blut für die Geliebte hinzugeben ...
ach, seine Clotilde war gestorben und begraben, die
lag da draußen unter dem alten Tannenbaum auf
dem Friedhof und der Herbstregen schauerte nieder auf
ihr Grab und der Wind strich klagend und seufzend
über den Hügel.

Wie hätte auch seine Clotilde das Weib dieses
Alfred's von Portheim werden können. Ein Mann
ohne Herz, mit jenem leichten, oberflächlichen Witz
und Geist begabt, dessen trüber Glanz nicht erwärmt
und nicht erleuchtet, ein Mann, dessen innerstes Wesen
trotz alles Lacks und Firniß brutal war und dessen
Sittenlosigkeit eine Entschuldigung weder in einer
glühenden Phantasie, noch in überschäumender Lebenskraft fand.

Victor's Verhältniß zu Adele hatte in dieser Zeit
einen ganz besonderen Character. Wie einer Schwester
vertraute er ihr Alles, seine Gedanken und Empfindungen.

Er bemerkte anfänglich nicht, wie sie unter diesem
Verhältniß litt. Aufmerksam, voll inniger Theilnahme hörte sie ihn an, tröstete ihn und suchte seine
Schwermuth zu zerstreuen, so sehr sie auch selbst noch
des Trostes bedürftig war und den großen Schmerz
um die Mutter im Herzen trug.

Eines Tages, es war im Monat November, an einem der letzten Tage dieses trüben, melancholischen Monats, traf Victor, als er Abends zu Adele in's Zimmer trat, das junge Mädchen krank und fiebernd. Er eilte zu dem Arzte und dieser sprach, nachdem er den Zustand der Patientin untersucht, die Befürchtung aus, daß ein Nervenfieber im Anzug sei; doch setzte er auch hinzu, daß die Hoffnung nicht ausgeschlossen sei, die Krankheit noch im Beginn zu ersticken.

Drei Tage und drei Nächte lag das junge Mädchen in fortwährendem Fieber, das von lauten Phantasiren begleitet war. Es war am dritten Tage in der vierten Nachmittagsstunde. Die alte Wartefrau, die Victor angestellt, war im Lehnstuhl eingeschlummert. Der junge Advocat, der Tag und Nacht die Pflege Adelen's überwachte, saß am Fenster und beobachtete die Kranke, welche mit geschlossenen Augen und gefalteten Händen im Bett lag und phantasirte.

Sie sprach von ihrer Mutter, ihrem Vater, vom Theater, von der Rosenfee, dem Diadem, und anderen Dingen, wirr durcheinander . . .

„Gieb mir die Krone . . . Mutter . . . es ist sechs Uhr. Schon eilf? Der Vater ist da? . . . Ach, wie die Steine funkeln! wie die Sterne. Trag sie fort, Mutter . . . fort, fort . . . Armer Victor . . . ich habe Dich lieb . . . so lieb . . . Du bist gut . . . nimm mir das Diadem von der Stirne, o, wie der Reif glüht . . . ach, mein Kopf, mein Kopf . . ."

Victor hatte sich erhoben und lauschte mit vor=
gebeugtem Oberkörper auf die Worte des phanta=
sirenden Mädchens . . . . Eine flüchtige Röthe färbte
einigemal seine Stirne, dann sank er in seinen Lehn=
sessel zurück; die Hand vor den Augen, saß er still
grübelnd da, bis der Arzt eintrat.

Die Kranke war in einen tiefen Schlaf gefallen.
Der Doctor meinte, daß die Kraft des Fiebers durch
den Schlaf gebrochen werden könnte.

Es geschah so und in acht Tagen war Adele
außer Gefahr und konnte bald darauf das Zimmer
wieder verlassen . . .

Nur acht Tage lagen dazwischen, aber in dieser
Spanne Zeit war eine tiefe Veränderung in dem
Wesen der Beiden vorgegangen.

Die frühere Unbefangenheit im Umgang war für
Adele wie für Victor verloren.

Ihre Unterhaltung stockte oft, ihre Gespräche
wurden förmlicher, zurückhaltender.

Victor's Augen ruhten häufig beobachtend auf
Adelen's Zügen, und wenn er ihr die Hand zum
Abschied reichte, fühlte er ein leises Zittern der kleinen,
warmen Hand.

Victor sah nun klar. Er wußte, daß Adele ihn
liebte. Jene im Fieber gesprochenen Worte hatten
ihm die Augen geöffnet und er bemerkte nun Manches
und erklärte sich Vieles, was ihm früher dunkel
erschienen.

Ueber seine Gefühle war er noch nicht ganz klar. Aber er suchte die Entscheidung zu beschleunigen.

Eines Tages, es war im December, trat er in Adelen's Stübchen.

„Hier ist der Schlüssel zu meiner Wohnung", sagte er, „ich muß auf längere Zeit verreisen." — Adele wurde etwas blaß bei diesen Worten — „indessen ist es auch möglich, daß meine Abwesenheit nur eine kurze sein wird."

Victor verreiste, um fern von Adele sich selbst zu prüfen über seine Empfindungen und Gefühle. Er wollte sich dabei durch den augenblicklichen Eindruck nicht beeinflussen lassen, fern von seiner gewohnten Umgebung und Thätigkeit wollte er seinen Entschluß fassen.

Nach acht Tagen trat er wieder in Adelen's Zimmer.

Sie stieß einen Freudenruf aus und eilte mit leuchtendem Auge ihm entgegen. Aber dicht vor ihm blieb sie stehen, ihm verlegen und schüchtern die Hand reichend . . .

„Adele", sprach er, sie an sich heranziehend, „ich komme zurück mit einem fertigen Entschluß. Adele, wollen Sie meine Frau werden? Ich kann Ihnen kein unberührtes Herz, keine erste Liebe bieten, aber ein treues Herz, das den festen Willen hat, Sie sicher durchs Leben zu führen und immer, immer recht lieb zu haben? Willst Du, Adele . . ." setzte er leise hinzu.

Sie sank an seine Brust.

„Ja, Victor, ich will . . . ich will es; für's ganze Leben will ich Dein sein."

So hatten die Beiden einen Bund für's Leben geschlossen; und an dem Abend des Tages, an welchem sie draußen auf dem Friedhofe vor dem beschneiten Grabe standen, wurde die Verlobung gefeiert.

Nur der alte Regisseur vom Stadttheater und dessen Frau waren die Zeugen des Verlöbnisses . . .

Aber die vier Menschen, die an dem runden Tisch in Victor's Zimmer saßen, waren glücklich, wenn auch der Ausdruck dieses Glückes sich nicht in lauter, lärmender Fröhlichkeit kundgab.

Die Erinnerung an die Vergangenheit mischte sich in die Freude des Augenblicks; und als der alte Regisseur das Glas ergriff und einen Toast ausbrachte auf Alles, was wir lieben . . . da wurde auch Derer gedacht, die nicht mehr unter ihnen weilten, deren Geister sie umschwebten. —

Victor aber zog das junge Mädchen in seine Arme und küßte sie auf den Mund, der bebend das Wort flüsterte:

„Dein, Victor, für's ganze Leben." —

——— ———

2.

Es war sechs Jahre später; im heißen Hochsommer.

Um diese Zeit sind die kleinen thüringischen Wald=
orte Rudolstadt, Arnstadt, Ilmenau, Ruhla und wie
sie alle heißen von einer nomadisirenden Bevölkerung,
die meist aus den großen und größeren Städten
Norddeutschlands stammt, äußerst belebt.

In einem dieser versteckten, idyllischen Städtchen
lag dicht am Eingange der Stadt nach Westen zu
eine kleine, von einem Garten umschlossene reizende
Villa, die seit einigen Jahren regelmäßig von einem
reichen Baron, dessen Frau hier jährlich mehrere
Monate verlebte, gemiethet war. Der Baron selbst
hielt sich nur einige Wochen in der Villa auf, ihm
war das Leben im Thüringer Walde zu einfach und
langweilig. Die Bäder am Rhein und Taunus waren
es, die ihn im Sommer unwiderstehlich anzogen.

Auch jetzt war er nicht anwesend; nur die Baronin
bewohnte sie, die Baronin und einer ihrer Verwandten,
der vor einigen Wochen aus der Schweiz gekom=
men war.

Die Beiden saßen unter einem Zeltdach auf der Veranda, die nicht nach der Straße, sondern nach der Gartenseite zu lag.

Es war Nachmittags um die vierte oder fünfte Stunde.

Die Luft war schwül, der Himmel mit weißlichen Wolken bedeckt, die tief herniederhingen auf das Städtchen und den Wald, kein Blättchen regte sich, eingeschlummert war der Wind, selbst der Gesang der Vögel, die in den Bäumen des Gartens nisteten, war verstummt.

Die Schwüle, welche die ganze Natur erfüllte, drückte auch auf die Gemüther der Menschen.

Dies spiegelte sich auch in den Zügen der jungen Frau wieder, die, einen abgebrochenen Zweig durch die Hand streifend, neben dem Mann mit dem blassen, strengen Gesicht, den dunklen, düster leuchtenden Augen saß . . . Sie war unruhig, erregt, beängstigt . . .

„Ist das Deine wirkliche, wahrhaftige Meinung, Vetter Johannes?" frug die Baronin von Portheim, ihre Augen mit einem erwartungsvoll=ängstlichen Ausdruck auf ihren Cousin richtend.

„Was soll diese Frage bedeuten, Clotilde?" antwortete Johannes, der jetzt nicht mehr Pfarrvicar, sondern Vorsteher eines Missionshauses in Basel war. „Glaubst Du, ich gehöre zu Deinen Salonmenschen, welche die Lüge auf den Lippen tragen und anders sprechen, als sie denken? Ich wiederhole es Dir noch=

6*

mals, nach allem, was Du mir mitgetheilt hast, sehe ich kein anderes Heil für Dich und Deine unsterbliche Seele, als daß Du Dich von diesem Menschen trennst, scheidest . . . Gott war es nicht, der diese Ehe zu= sammenfügte . . . Weltliche Motive bestimmten sie . . . nur das, was Gott zusammenfügt, das soll der Mensch nicht scheiden . . ."

Die Baronin strich sich leicht mit dem Finger über die Augenbraun.

Sie war immer noch eine schöne Erscheinung: eine reizende Frau. Aber die Erfahrungen ihrer sechsjährigen Ehe waren nicht spurlos an ihr vorüber= gegangen.

Obwohl sie erst fünfundzwanzig Jahre alt war, bemerkte man doch schon auf ihrer Stirne zwei leichte Falten.

Doch Stirnfalten, ja, Stirnfurchen sind nicht immer die Kennzeichen von erlebten Gemüthsstürmen. Es giebt Menschen, deren Stirnen so glatt wie Marmorplatten sind — und die doch mehr erlebt, gekämpft, gelitten haben, als Andere, bei denen die Stirn einem Acker gleicht, über welchen eben der Pflug seine Furchen gezogen . . .

Aber es lag etwas in ihrem Wesen, was diesen beiden Falten eine ernsthaftere Bedeutung gab. Ein Ausdruck des Unbefriedigtseins, der Sehnsucht und zugleich der Ermüdung . . .

„Scheiden", wiederholte sie langsam und mit be=
sonderer Betonung des Wortes, „wir sind längst von
einander geschieden ... wir waren eigentlich nie ver=
bunden."

Johannes nickte beistimmend.

„Es war ein thörichter, übereilter Schritt, den
ich schwer gebüßt habe ..., ich war zu hart gegen
Victor ... ich und der Vater", setzte Clotilde seuf=
zend hinzu.

Das Gesicht des Missionsvorstehers verfinsterte sich.

„Warum nennst Du diesen Namen?" sprach er.
„Glaubst Du, daß dieser Mann besser war, als Port=
heim? Der große Fehler Deines Mannes besteht in
seiner Schwäche, in der Widerstandslosigkeit gegen die
Lockungen der Sünde. Jener aber, der sich einst Dein
Verlobter nannte, gehört zu den abgefallenen Geistern
der Finsterniß, zu den verlorenen Seelen, die nicht
zu retten sind, weil sie mit Bewußtsein den Kampf
gegen Gott und seine heilige Ordnung führen. Ich habe
das Leben jenes Mannes aufmerksam verfolgt ..."

„Seinen Namen habe ich oft in den Zeitungen
gelesen ...", fiel die junge Frau schüchtern und mit
einem ungewissen Blick auf ihren Vetter ein ...

Johannes nickte, während ein bitteres Lächeln um
seine Lippen schwebte.

„Er ist ein berühmter Volksredner geworden, man
hat ihn in das Parlament gewählt, sein Bild wurde
an den Schauläden zum Verkauf ausgehängt ...",

sagte er, seine dunklen Augen fest auf die junge Frau gerichtet haltend . . .

Clotilde erzitterte unter dem forschenden Blick ihres Vetters, aber sie sprach kein Wort.

„Glaubst Du, daß Du an der Seite eines solchen Mannes glücklicher geworden wärst, Clotilde? Klage weder Dich, noch Deinen seligen Vater an . . . Er ahnte, daß das Seelenheil seines Kindes bei diesem Manne gefährdet war . . . Die Demuth fehlt ihm und Seinesgleichen, die Demuth vor dem Herrn . . . Die Furcht des Herrn ist der Weisheit Anfang, sagt die Schrift. Aber das Herz dieser Menschen ist erfüllt von sträflichem Hochmuth, wie einst das Herz Lucifers, als er sich gegen Gott empörte. Was nützt aller Ruhm dieser Welt, wenn sich das Herz krank, einsam, elend fühlt? Diese Männer haben kein Herz, der wilde Ehrgeiz füllt dessen Stelle aus, er ersetzt ihnen die Liebe, das Glück, den Frieden! . . . Der Beifall der Menge ist ihnen nothwendig, ohne ihn können sie sich nicht glücklich fühlen, nicht leben und diesem Buhlen um die Gunst des Haufens opfern sie Alles, Alles . . ."

Eine kleine Pause entstand. Clotilde strich, in Gedanken versunken, den Zweig durch die Hand, während Johannes in die Ferne blickte, hinauf zu der Waldspitze, die kaum zehn Minuten entfernt von der Veranda lag und an deren äußerstem Rand ein hübsches Haus lag, weiß mit grünen Jalousien . . .

„Seit wann hast Du die letzte Nachricht von . . . von ihm? . . ." frug die Baronin dann, ohne den Blick von dem Blüthenzweig zu erheben . . .

„Du meinst von Victor Linden?"

Sie nickte stumm.

„Vor Jahresfrist erhielt ich sie durch einen Freund, der ihn in dem Parlament reden hörte . . . acht Tage vorher hatte er seine Frau durch den Tod verloren", antwortete Johannes, sein weiches, glänzendes, dunkles Haar hinter das Ohr streichend.

Ein jähes Farbenspiel, Röthe und Blässe, zuckte über das Gesicht der Baronin.

„Seine Frau verloren . . .", wiederholte sie überrascht.

„Ja, seine Adele, seine theuere Adele", fuhr der Missionsvorsteher in ironisch-bitterem Tone fort, „die er so sehr liebte, daß er genug Ruhe und Ueberlegung behielt, um drei Tage nach ihrem Begräbniß eine seiner schwungvollsten Reden in der Kammer zu halten . . . Dieser eine Zug charakterisirt diese politischen Männer, ihn und die Gattung, der er angehört, denn er ist nur ein ausgeprägtes Einzelbild einer ganzen, zahlreichen Klasse . . . Herzlos sind sie alle und die crasseste Selbstsucht bildet den innersten Kern ihres Wesens . . ."

Ein jäher Windstoß wirbelte Staub und abgefallene Blätter auf, am Horizont über den Wald zuckte ein fahler Blitz aus den schwarzgrauen Wolken, ein dumpfer Donner rollte schwer und langsam nach.

Clotilde schrak zusammen.

„Laß' uns ins Haus gehen, Vetter", sagte sie, von ihrem Sitz sich erhebend.

Sie trat in die Thür, während Johannes noch einige Bücher zusammensuchte, die auf dem kleinen von Korbweiden geflochtenen Tischchen herumlagen.

In dem Augenblick sprang durch die offene Garten= thüre ein kleines Mädchen von vier oder fünf Jahren, mit hellem fliegendem Haar herein, ein Hündchen verfolgend, das lustig bellend über die Beete sprang.

„Belly . . . Belly . . .", rief die Kleine lachend, „so komm doch." Aber Belly kam nicht, er sprang über ein Resedabeet und haschte nach einem Kätzchen, das sich unter einem Rosenstrauch versteckte.

Clotilde drehte sich um.

„O, sieh Johannes . . . Dieses reizende Kind . . ." Die Kleine hatte eben die grünseidne Schnur erhascht, die an Belly's Halsband befestigt war. Einzelne große, schwere Regentropfen fielen nieder.

„Jetzt hab' ich Dich", lachte sie, „und Du sollst mir nicht wieder ausreißen . . ."

„Clärchen . . . Clärchen . . .", rief eine männliche Stimme außerhalb des Gartens, wo bist Du denn? . . ."

Clotilde und Johannes zuckten beim Klange dieser Stimme zusammen . . .

„Mein Gott . . . war das nicht? . . ."

Ein neuer heftiger Blitz, dem unmittelbar ein dröhnender Donnerschlag folgte, unterbrach sie . . . Zugleich rauschte der Regen nieder . . .

„Papa . . . Papa . . . hier sind wir", antwortete die Kleine mit ängstlicher Stimme, „der dumme Belly ist daran schuld, er wollte die kleine Katze fangen . . ."

In der Gartenthür erschien ein Mann. Wieder ein Blitz, dessen feuriger Strahl über dem Haupte des Mannes hinzuckte.

„Hier, Papa . . . hier . . .", rief noch angstvoller die Kleine, die zwischen einem Rosenstrauch und einem Hollunderbusch stand, deren Zweige sie fast verbargen. „Hier sind wir . . ." Sie hatte das Hündchen in die Arme genommen und drückte es gegen die Brust. Das kleine Thier ließ es sich ruhig gefallen, die Schnauze gegen die Schulter des Kindes gedrückt, suchte es hier Schutz vor dem herunterfluthenden Regen.

Der Fremde sprang hastig über das Beet, warf seinen Plaid um die Kleine und einen Kuß auf die Stirne des Kindes drückend, das seine Aermchen um seinen Hals schlang, lief er mit ihr, ohne sich umzusehen fort, den Pfad nach dem Wald hinauf, an dessen äußerster Spitze das kleine, weiße Haus mit den grünen Fenstergardinen stand.

Die junge Frau und der Missionsvorsteher starrten dem dahin Eilenden wie einer gespensterhaften Erscheinung nach.

„Victor Linden", sprach Clotilde wie von einem Traum befangen und weder des kalten Zugwindes, noch des mächtig niederrauschenden Regens achtend, den der Wind über die Brüstung der Veranda herein bis an die Thür des Salons peitschte, auf dessen Schwelle sie stand . . .

„Ja, Victor Linden . . .", wiederholte Johannes, die Glasthüre schließend . . .

Die Baronin war auf einem Diwan niedergesunken, während Johannes, den Blick auf den Boden geheftet, im Salon auf und abging.

Plötzlich blieb er vor der jungen Frau stehen und einen forschenden Blick auf sie werfend, sagte er:

„Zwischen uns sei Wahrheit, Clotilde, volle Wahr=
heit. Die Lüge ist der Tod." Clotilde zitterte, ihre langen, dunklen Wimpern senkten sich vor dem Blick des Missionsvorstehers, in dessen Auge eine tiefe Gluth brannte.

„Der Anblick jenes Mannes hat Dich überrascht und alte Erinnerungen wieder wachgerufen, die . . . die ich . . .", er hielt einen Moment inne, wie um den Eindruck seiner Worte zu beobachten, „todt und er=
storben glaubte . . . zum Heil Deiner unsterblichen Seele. Du stehst am Scheideweg, Clotilde. Wähle zwischen Belial und Jehovah. Als mich Dein Brief vor sechs Wochen in Basel traf, als Du mir Deinen Seelenzustand schildertest, Deine Verlassenheit und Noth, die den Weg zu Gott nicht finden kann, und

die viel ärger ist, als die härteste Noth des Leibes, weil sie der lebendige Tod ist, da zögerte ich nicht eine Minute und kam."

„Daß Du mich einst rufen würdest . . . das wußte ich . . . ich habe es Dir vor sechs Jahren voraus= gesagt . . . Ich kam und zeigte Dir den Weg des Trostes, sagte Dir, wie Du Ruhe finden könntest für Deine Seele. Vergiß es nicht, Clotilde. Du warst es, die mich rief, ich kam nicht eher, als bis Du es selbst verlangtest . . ." Er hielt inne . . . Das Auge der jungen Frau irrte angstvoll durch den Salon und senkte sich dann wieder zu Boden. Sie hatte die Hände gefaltet und den Nacken etwas nach vorwärts gebeugt.

„Ich sagte Dir", fuhr Johannes fort, „was Dir fehle: der Glaube, die Rückkehr zur Kirche . . . Die Welt hatte Dich verletzt, Dein Herz öde, kalt, un= befriedigt gelassen, Dein Gatte Dich schnöde gekränkt. Jetzt steigt die Gestalt jenes Mannes, jenes Linden wieder vor Dir auf. Noch einmal naht Dir die Versuchung und der Versucher. Täusche mich nicht, Clotilde, ich weiß, was in Deinem Herzen beim Anblick dieses Mannes vor sich ging . . ." Seine Stimme, die bei den letzten Worten etwas hart und schneidend geklungen, wurde wieder milder und nahm sogar einen süßlich=weichlichen Ton an. Er trat näher und legte seine weiße, wohlgepflegte Hand, deren Finger fast etwas zu lang und zu schmal waren, auf ihr Haupt. Sie zuckte leise zusammen; ein kalter Nervenschauer durchrieselte sie.

„Sei standhaft, Clotilde", sprach er, „suche Muth und Kraft im Gebet und die Versuchung wird von Dir weichen. Bete, ja bete mit Inbrunst, Deine Entschlüsse werden Dir dann leicht werden. Gott hat Dich mit irdischen Gütern reich gesegnet, verwende sie zur Ehre Gottes und seiner Kirche. Ich habe Dir schon gestern den Weg dahin angedeutet. Du trennst Dich von dem Baron Portheim und verwendest einen Theil Deiner Güter zu den Zwecken der heiligen Mission. Die Stelle einer Oberin im Missionshause ist offen. Welch weites Feld für eine Seele, für ein Herz wie das Deinige, Clotilde ... Und ich ... ich", fügte er mit einem leidenschaftlichen Aufleuchten seiner dunklen Augen hinzu, „werde dann immer in Deiner Nähe sein."

Clotilde schwieg noch immer, die Hände gefaltet und die Augen niedergeschlagen. Das Gewitter hatte indessen sich verzogen, nur über dem fernen Waldsaum der Berge zuckten aus der graublauen Wolke zuweilen röthlich=fahle Blitze auf ...

Johannes trat an das Fenster und streckte die Hand nach dem reinen blauen Abendhimmel über ihren Häuptern und dann nach dem Berge aus, über welchem noch die Wetterwolken hingen.

„Sieh dorthin. Ueber uns der blaue Himmel, ruhig thronend, unberührt von dem Sturm der Ele=

mente, Ruhe und Frieden in unsere Herzen senkend.
Dort oben noch wildes Zucken der Naturkräfte, finstere,
donnernde Wolken, die uns mit Unruhe, mit Zagen
erfüllen . . ."

„Es ist ein Bild Deiner Zukunft — je nachdem
Deine Entscheidung fällt. Aber vergiß nicht, daß Du
auf immer verloren bist, anheimgefallen der Lüge,
dem Verderben, wenn Du jetzt die Gnade des Herrn
von Dir weisest . . . Und nun laß uns beten, damit
der Herr, unser Gott Dich stärke . . ."

Er schlug das mit goldenem Kreuz gezierte Gebet=
buch auf, das er an jenem verhängnißvollen Geburts=
tagsmorgen seiner Cousine geschenkt und las ihr mit
salbungsvollem Ausdruck ein Gebet vor, dessen Worte
Clotilde leise für sich nachsprach . . .

Aber ihre Seele war nicht bei dem Gebet und
als der Missionsvorsteher geendet hatte und den Salon
verlassen, schlug sie weinend die Hände vor die Augen
und eine Stimme flüsterte in ihr jenen Ausbruch der
Verzweiflung aus Hamlet:

> Die Worte fliegen auf
> Der Geist hat keine Schwingen —
> Wort' ohne Sinn
> Kann nicht zum Himmel dringen.

Zwei Wachskerzen brannten auf dem runden Tisch, an welchem Victor Linden und Clärchen saßen und warfen einen hellen, freundlichen Schimmer über die beiden Menschen, über das ernste, sinnende Männerantlitz und über das kleine, liebe Gesichtchen, auf welchem die Augen des Vaters voller Zärtlichkeit ruhten.

Das kleine Mädchen spielte mit ihrer Puppe, die sie in der Mitte eines Kreises hölzerner Schafe, Gänse, Kühe, Hunde, Pferde, Löwen, Hirsche und Elephanten aufgestellt hatte. Daneben stand eine Arche Noah, zu welcher alle diese Thiere gehörten. Ein Kranz grüner Bäume umgab das Ganze.

Die Kleine klatschte vergnügt in die Händchen . . .

„Ach, Papa, sieh' nur die allerliebsten kleinen Schäfchen . . .", rief sie mit strahlenden Blicken . . ., „aber weißt Du, Papa, die kleine, weiße Katze, die der Belly heute fangen wollte, war noch schöner . . . Warte nur, Du garstiger Belly", und sie ballte ihr Fäustchen nach dem kleinen Hund, der vor ihr auf der Diele lag, „wenn Du noch einmal das Kätzchen beißen willst, gebe ich Dir kein Milchbrod mehr, Du garstiger Belly . . ."

Als der Hund seinen Namen nennen hörte, sprang er wedelnd und bellend an der Kleinen empor.

Das Kind brach in ein helles Lachen aus.

„Sieh nur einmal den dummen Belly . . . Papa . . . er freut sich noch und ich zanke ihn doch aus . . ."

„Er glaubt es nicht, daß Du ihm kein Milchbrod mehr geben willst", lächelte Victor, dem Kind die blonden Locken aus der Stirne streichend.

Da sprang Belly mitten auf den Tisch und warf die Puppen, die Schafe, Hunde, Hirsche, Löwen, Elephanten und Bäume durcheinander.

Das Kind lachte über diesen neuen Geniestreich des Hündchens so herzlich, daß es im Zimmer von der frischen, fröhlichen Stimme widerhallte.

Plötzlich aber rief sie „Aber, Papa . . . nun will ich zu Bett gehen und Du erzählst mir noch eine schöne Geschichte."

Victor klingelte. Eine alte Frau von gutmüthigem Aeußern trat ein.

„Frau Mathes . . . Clärchen will schlafen . . . bringen Sie die Nachtkleider . . ."

Die Frau warf das weiße, mit Spitzen besetzte Nachtkleidchen der Kleinen über.

„Ach, du lieber Gott", sagte die alte Frau, „Sie können es mir nur glauben, Herr Linden, das Clärchen sieht gerade aus wie der schöne Altarengel in der Grottendorfer Kirche . . ."

Victor trug das Kind in das Nebenzimmer, wo ein kleines Bett neben seinem eigenen Lager stand . . .

Er legte sie in ihr Bett, küßte sie auf die Stirne und erzählte ihr dann eine Geschichte von einem kleinen Mädchen, das sich beim Erdbeerensuchen im Walde verlaufen hatte und nach einigen mit Rehböckchen,

Hasen und Eichhörnchen bestandenen Abenteuern wieder glücklich zu seiner Mutter kam. Darüber war die Kleine eingeschlafen, die Händchen auf der Brust zusammengefaltet, das gute Gesichtchen umfluthet von den aufgelösten blonden Locken.

Victor küßte das Kind leise auf die Stirne und kehrte dann in das Wohnzimmer zurück.

Er trat an das Fenster und blickte hinaus in die Sommernacht.

Obwohl über den Waldbergen die Sterne am Himmel blitzten und glitzerten, so war die Nacht doch dunkel und mit Mühe nur vermochte der Blick die Gegenstände der nächsten Umgebung zu erkennen.

Das Haus, in welchem Victor wohnte, war an eine Anhöhe gebaut und zwar so, daß das Fenster des ersten Stockwerks, an welchem ein Balcon war, in gleicher Höhe mit dem Saum des Waldes sich befand, der seine äußerste Spitze bis wenige Schritte vor das Haus hinschob. Von dem Waldrande aus konnte man Alles sehen, was in dem erleuchteten Zimmer vorging.

Aber wer konnte ein Interesse daran finden, das einförmige, stille Leben Victor's zu beobachten, der seit einigen Wochen hier oben mit seinem Kinde lebte? Die Aerzte hatten ihm den Aufenthalt in der sonnigen Waldluft Thüringens zur Stärkung Clärchen's empfohlen. Das Kind war gesund, aber von zarter, nervöser Constitution, ungemein leicht erregbar und sensibel.

Ihre Mutter Adele war einer Krankheit der Brust=
organe erlegen.

Clärchen hatte dieselbe sanfte, liebliche Stimme, wie
ihre Mutter und auch dieselbe Neigung zu Affectionen
der Hals= und Brustorgane. Aus diesen Gründen
hielt der Arzt den Aufenthalt in einem thüringischen
Waldbad für angezeigt und nothwendig . . .

Die Waldluft bekam dem Kinde vortrefflich. Es
kräftigte sich wunderbar. Auch Victor fühlte sich
in Mitten dieser stillen, freundlichen Wälder; deren
kräftiger Harzgeruch die Luft balsamisch würzte, wohler,
freier, selbst heiterer, als sonst. Seine Ehe mit Adele
war in stiller, glücklicher Zufriedenheit verflossen.
Keiner stürmisch auflodernden Leidenschaft entsprungen,
sondern einem ruhigen, sanften Gefühle hatte sie
auch in ihrem ferneren Verlauf immer den Stempel
ihres Ursprungs getragen. Adele's früher Tod hatte
ihn tief erschüttert. Dann war eine Abspannung
eingetreten.

Eine gewisse Gleichgültigkeit gegen die Bestrebungen,
denen er bis dahin seine Kräfte gewidmet, überkam ihn.
Diese politischen und socialen Kämpfe, bei denen er
als Vorfechter der Volksfreiheit in erster Linie mit
gestanden, ermüdeten ihn und befriedigten ihn nicht
mehr. Hätte er sein Kind nicht gehabt, so würde
ihn Nichts an das Leben gefesselt haben, als jener
Trieb zu existiren, den Gott in jedes Geschöpf gelegt
hat. Aber Clärchen, diese heimische liebliche Erscheinung

M. Wartenburg, Eine vornehme Frau.

7

mit dem guten Gesichtchen warf über sein Dasein
noch einen vergoldenden Schimmer.

Er dachte eben jetzt wieder an' die Kleine, als er
hinaus sah in die warme, dunkle Sommernacht.
Die alte Kirchthurmuhr in Grottendorf schlug eben
Zehn. Zehn Uhr! Eine späte Stunde für diese
einsame Waldlandschaft, wo das Leben noch nach der
Ordnung der Natur sich regelt, früh beginnt und
mit Sonnenuntergang zu ersterben beginnt.

Und doch — Victor strich mit der flachen Hand
über die Augen — war es ihm gewesen, als habe
sich drüben auf der scharfen Kante des Hügels, der
mit dem Balcon in gleicher Höhe lag, eine Gestalt
erhoben. Aber freilich, die Dunkelheit der Nacht ge=
stattete ihm keine scharfe Beobachtung, der matte
Lichtkreis, welcher aus seinen Fenstern heraus fiel,
erhellte kaum den Balcon . . .

Er träumte weiter. Die letzten sechs Jahre seines
Lebens zogen an ihm vorüber. Was war doch heute
für ein Tag . . .?

Der zwanzigste August! An dem zwanzigsten
August vor sieben Jahren hatte er jenes Duell mit
dem Offizier bestanden — Clotilden's willen.

Clotilde . . . Lange, lange war sie für ihn todt
gewesen . . . Er war wenige Monate nachdem er
Adele als sein Weib heimgeführt von seinem und
Clotilden's bisherigen Wohnort fort in die Haupt=
stadt gezogen . . .

Ihre Lebenspfade hatten sich immer weiter von einander entfernt. Nur einmal war er an sie erinnert worden. Vielleicht vor Jahresfrist. Einer seiner Clienten hatte dem Herrn von Portheim eine bedeutende Summe geliehen. Das Document, welches Portheim ausgestellt hatte, trug außer seiner Unterschrift auch den Namen seiner Frau. Clotilde hatte dadurch erklärt, selbstschuldnerisch für die Verbindlichkeit ihres Mannes eintreten zu wollen . . .

„Halten Sie die Unterschrift des Barons nicht für genügend?", hatte Victor den Banquier gefragt, der ihm das Document zeigte.

Der Geschäftsmann zuckte die Achseln.

„Baron Portheim hat kostspielige Leidenschaften. Ich halte ihn für sehr berangirt und liebe die Sicherheit." Das war die einzige Erinnerung an Clotilde in dem vergangenen Abschnitt seines Lebens, seit jenem Morgen, an dem er glaubte, seine Liebe begraben zu sehen. Wie kam es, daß er heut an sie erinnert wurde? . . .

„Papa . . ." Es war Clärchen's Stimme, die aus der Schlafstube zu ihm heraus drang. Rasch eilte er an ihr Bett.

Die Kleine saß mit hochgerötheten Wangen, die Augen ängstlich nach einem Winkel gerichtet, in ihrem Bettchen.

„Was ist Dir, mein Kind?" frug er . . .

7*

„Papa . . ., jag den schwarzen Mann fort . . . er wollte mich schlagen . . .", sprach sie ängstlich und schmiegte sich an den Vater.

Er streichelte ihr die glühenden Wangen.

„Du hast geträumt, mein Kind . . . schlaf nur wieder, mein Clärchen, es thut Dir Niemand etwas . . . ich bin ja da . . . Dein Papa . . . Da, trinke einmal." Und er gab ihr einen Schluck Wasser.

Solche Scenen kamen bei Clärchen's leicht erreg= baren Nerven häufig vor; sie gingen in der Regel rasch vorüber. Auch heute schlief die Kleine bald wieder ein. Victor ging zurück nach dem Balcon . . .

In dem Augenblick trat der Mond, der bisher hinter dunklen Wolken verborgen war, hervor und warf einen Strahl seines ungewissen, bleichen Schim= mers über den Waldsaum und die Bergspitze. Und zugleich . . . nein, nein, das war keine Sinnes= täuschung, löste sich von der Bergwand, die Victor gerade gegenüber emporragte, eine dunkle Gestalt los und schlüpfte hastig den Abhang hinab . . . Victor sah überrascht der davoneilenden Gestalt nach . . . Noch ehe er einen Entschluß fassen, sie verfolgen konnte, war sie im Dunklen verschwunden . . .

„Wer wird es gewesen sein?", sprach er dann für sich, vom Balcon in das Zimmer zurücktretend, „wahrscheinlich ein Bursche, der auf sein Mädchen wartet . . ." Denn wer hätte ein Interesse haben kön=

nen, ihn, den hier Fremden, Unbekannten zu beobachten und zu belauschen?

————————

Von der Villa Portheim zog sich zwischen sanften Anhöhen ein Pfad hinauf nach dem Walde, an dessen Saum das Haus stand, das Victor Linden bewohnte.

Am Morgen des andern Tages trat Clotilde aus ihrer Gartenthür und schlug den eben beschriebenen Weg ein. Es war noch sehr früh, fünf Uhr erst vorüber. Die Sonne brannte noch nicht, lichte Wolken standen hoch am Himmel, ein sanfter, warmer Wind bewegte die Kräuter, Grashalme und bunten Feldblumen, welche die Abhänge der Schlucht bedeckten, zwischen denen die junge Frau dahinging.

Die Luft war gewürzt vom süßen Duft des Lavendels und der Melisse, die hier häufig wachsen und vom nahen Walde trug der Morgenwind den kräftigen Geruch des Harzes herüber . . .

Die Baronin war sehr einfach gekleidet. Ein Sommerkleid von grauer Farbe, ein schwarzer Florschwahl, ein weißer Strohhut von italiänischem Geflecht bildeten die wesentlichsten Bestandtheile ihrer Toilette. Der einzige Schmuck, den sie trug, war ein kleines goldnes Kreuz, das an einem schwarzen Sammetband vom Hals herabhing. Es war ein Geschenk ihres Vetters Johannes und auf der Rückseite der Spruch eingegraben:

„Die durch das Jammerthal gehen und machen
daselbst Brunnen und die Lehrer werden mit viel
Segen geschmückt. Psalm 84, B. 7.“

Was bewog Clotilde, diesen Weg einzuschlagen,
der sie möglicher Weise mit Victor zusammenführen
konnte? ... Klar über diesen Zug ihres Innern
war sie sich selbst nicht. Denn obwohl sie viel milder
über Linden urtheilte, als an jenem verhängnißvollen
Geburtstagsmorgen, war sie doch noch nicht ganz
von Victor's Schuldlosigkeit überzeugt. Aber sie konnte
das Gefühl nicht von sich abweisen, daß ihr Leben
an seiner Seite ein ganz anderes geworden wäre, als
an der ihres ... jetzigen Gatten, des Barons von
Portheim ...

Was war in dieser Ehe aus ihr geworden? Eine
arme, unglückliche Frau, unbefriedigt im Herzen, un=
befriedigt im Geiste, Hülfe, Trost, Rettung suchend
bei dem Vetter — Johannes. Sie hatte diese un=
selige Verbindung schon oft bereut, aber noch nie so
bitter, als heute.

Vetter Johannes hatte ihr gestern Abend noch ein=
mal eindringlich zugeredet, in das Marthastift des
Missionshauses als Vorsteherin einzutreten und einen
Theil ihres Vermögens der Gesellschaft zuzuwen=
den. Das Letztere war sie zu thun gern bereit;
aber trotz seines Drängens hat er sie bezüglich seines
ersten Vorschlags noch zu keinem Entschlusse bewegen
können.

Ueberhaupt fühlte sie seit einigen Tagen in Jo=
hannes' Nähe eine eigenthümliche Beklommenheit und
Angst. Sie hatte, wenn er sich unbeachtet glaubte,
zuweilen Blicke von ihm aufgefangen, die sie mit
einer unbestimmten Furcht erfüllten ... Sie suchte
den Gedanken zu verscheuchen, aber immer drängte er
sich ihr wieder auf: Johannes liebt Dich ...

Und dieser Gedanke war ihr furchtbar, entsetzlich ...

Er drang sich ihr auch jetzt wieder auf und be=
schäftigte sie auf dem Wege nach dem Walde. Nach
viertelstündigem Bergansteigen hatte sie den Saum
desselben erreicht. Zwischen jungen Birken und Lärchen=
bäumen war eine Ruhebank von Tannenholz auf=
gestellt. Hier ließ sie sich nieder und überschaute
das Thal, das sich vor ihr ausbreitete.

Es war eine reizende Landschaft, die vor ihr lag
im goldnen Licht des jungen Tages. Dunkler Wald,
glänzender Fluß, der sich an rothen Sandsteinfelsen
vorbei schlängelte, grüne Wiesen, freundliche Dörfer,
aus deren Schornsteinen der bläuliche Rauch empor=
wirbelte und dicht vor ihr die kleine Stadt ... dazu
der Gesang der Vögel, die in den Zweigen der Bäume
versteckt saßen, das Summen und Schwirren der
Käfer, der Duft der Feldblumen und Waldkräuter —
oh, sie hatte sich lange, lange Zeit nicht so ruhig,
so zufrieden gefühlt ... Unter dem sanften Hauch
dieses Sommermorgens verschwanden die bösen Er=
innerungen an ihr verflossenes Leben ... Ja, und

sie erschrak fast vor dem Selbstgeständniß, daß sie
sich in dem Augenblicke machte, selbst bei den Uebun=
gen in der Frömmigkeit, wie Vetter Johannes sie
nannte, bei dem Lesen der Gebete und Psalmen hatte
sie nicht den stillen Frieden empfunden, der sich jetzt
in Mitten dieser Bäume, Feldblumen auf sie nieder=
senkte ...

So saß sie vielleicht zwei Stunden, unfähig, sich
von dieser Stätte zu trennen.

Als sie sich endlich erhob, schlug sie nicht den
direct hinab zu ihrer Villa führenden Pfad ein, son=
dern machte einen Umweg, der sie hinter Victor's
Zimmer vorbei führte.

Langsam stieg sie bergab. Der Weg wand und
schlängelte sich in vielfachen Krümmungen bis zur
Heerstraße nieder. Sie konnte immer nur eine kurze
Strecke übersehen. Sie war vielleicht zwanzig Schritte
noch von Victor's Wohnung entfernt, als eine frische,
feine Kinderstimme ihr Ohr traf.

„Ach, sieh nur die vielen, vielen, allerliebsten
Blumen!"

Sie warf einen Blick hinüber nach dem Hause.
Bäume und Buschwerk verhüllten die Rückseite, man
konnte von dort aus sie nicht sehen. Rasch ging sie
vorwärts ... um gleich wieder stehen zu bleiben,
gefesselt von dem Anblick, der sich ihr bot.

Mitten zwischen Feldblumen und hohen Gräsern
saß Clärchen, in froher Emsigkeit ein Blümchen nach

dem andern pflückend, nicht weit davon, den Strick=
strumpf in der Hand, stand die alte Wärterin, Frau
Mathes . . .

Als das Kind die fremde Dame erblickte, betrachtete
es dieselbe erst einen Augenblick, dann lief es auf
Clotilde zu und ihr die Blumen entgegenstreckend,
sagte es:

„Da, nimm . . ." Eine eigenthümliche, nie ge=
fühlte Empfindung überkam die junge Frau.

Sie beugte sich zu der Kleinen nieder und eine
Thräne, die an den Wimpern perlte, zerdrückend,
frug sie mit leiser, bebender Stimme:

„Du willst mir Deine Blumen schenken?"

Das Kind nickte . . .

„Nimm sie doch . . .", wiederholte die Kleine fast
ungeduldig, „meine Mama hat sie immer genommen.
Bist Du keine Mama?"

Eine dunkle Röthe schoß bei diesem Geplauder des
Kindes über das Gesicht der jungen Frau . . .

Sie beugte sich noch tiefer zu der Kleinen nieder,
und sie näher an sich ziehend frug sie zerstreut und
verwirrt:

„Aber warum giebst Du sie nicht Deiner Mama? . . ."

Das Kind sah die junge Frau verwundert an, dann
rief es:

„Ach, Du weißt nicht einmal, daß meine Mama
beim lieben Gott ist . . . Die hat viel, viel schönere
Blumen . . . Lauter goldene und silberne, weißt Du

das nicht?" frug sie mit dem Köpfchen nickend ein=
dringlich und ernsthaft die Dame.

„Woher weißt Du denn das?" frug Clotilde
zurück, das Kind auf die Stirn küssend.

„Von meinem Papa", antwortete die Kleine.
„Kennst Du meinen Papa nicht?"

Clotilde wurde purpurroth, sie zog das Kind an
sich und küßte es, um ihre Verwirrung vor der jetzt
hinzutretenden Frau Mathes zu verbergen.

Aber Clärchen kam wieder auf ihre Idee zurück.

„Komm!" sprach sie und faßte die Hand Clo=
tilden's, „komm mit zu meinem Papa . . . Der
erzählt uns schöne Geschichten und ich zeige Dir auch
meine Spielsachen und meine Puppen . . . Die Anna
hat ein neues rothseidnes Kleid . . . und auch meine
Mama zeige ich Dir, die im Himmel ist, beim lie=
ben Gott . . ."

Das kleine Plappermäulchen, einmal in Fluß,
erzählte nun unaufhaltsam weiter von dem Bilde sei=
ner Mama und von dem Kranze, den Papa um das
Bild gewunden.

Clotilde, deren Herz zu zerspringen drohte, konnte
sich nur mit Mühe von der Kleinen gegen das Ver=
sprechen losmachen, morgen wieder zu kommen, da
sie heute keine Zeit habe, ihre Puppen und Spiel=
sachen zu sehen.

Scheu und flüchtig eilte sie dann fort, jeden
Augenblick konnte ja Victor kommen . . .

Erst als sie weit genug vom Hause entfernt war, ging sie langsamer und gab sich Rechenschaft von den Eindrücken und Gefühlen, die diese Begegnung mit dem Kinde in ihr rege gemacht hatten: Es waren sehr gemischte Empfindungen ... Zärtlich-sehnsüchtige und schmerzlich-bittere. Ihre eigene Ehe war eine kinderlose und so sehr sie diesen Umstand unter den obwaltenden Verhältnissen noch als einen glücklichen preisen mußte, so rief es doch wieder andererseits eine große, große Sehnsucht in ihr nach einem Glück wach, dessen Süßigkeit sie annähernd empfunden, als Clärchen's liebliches Gesichtchen sie berührte und ihr weiches blondes Haar ihre Wange streifte ...

Tief eingepflanzt hat Gott in die Herzen der Frauen die Liebe zu den lieblichen, guten Geschöpfen, die wir unsere Kinder nennen, zu den kleinen, hilflosen Wesen, deren Lächeln uns als ein Abglanz reiner göttlicher, durch keine irdischen Leidenschaften getrübter Freude erscheint.

Clotilde entbehrte dieses Glück, diese Liebe, und der Anblick Clärchen's hatte die Sehnsucht nach diesem Glück von Neuem gewaltig in ihr wachgerufen.

Es war ihr Kind, Adelen's Kind ... das Kind der Frau ... die sie ... aus Victor's Herzen verdrängt ... durch Künste der Coquetterie ... so glaubte sie, so nahm sie zu Victor's Entschuldigung an ...

Wenn er sie mit dem Kinde überrascht hätte!

Peinlich, das fühlte sie bei dem bloßen Gedanken daran, wäre ihr dieses Zusammentreffen gewesen, im hohen Grade peinlich; und doch, das gestand sie sich auch wieder, wünschte sie dieses Zusammentreffen.

Mit diesen Gedanken trat sie in den Salon ihrer Villa, wo Vetter Johannes, ein Missionsbuch in der Hand, sie am Kaffeetisch erwartete.

Er sah scheinbar sehr ruhig und gleichgültig aus und doch zitterte die Hand, welche das Erbauungs= werk hielt, in innerer, nervöser Ungeduld und sein dunkles, von den Augenwimpern halb verschleiertes Auge schoß einen unruhigen, spähenden Blick auf die Eintretende.

„Du wolltest Victor Linden begegnen . . .", sprach er, das Buch bei Seite legend und aufstehend, „aber Dein Wunsch ist nicht in Erfüllung gegangen."

Clotilde schrak zusammen, als wäre sie auf böser That ertappt worden. Wieder wandelte sie die alte Furcht vor diesem Menschen an, der ihre geheimsten Gedanken errieth.

„Der Weg führte mich an seinem Haus vorüber . . . Ich fühlte das Bedürfniß allein zu sein und schlug deshalb den Pfad nach der Waldspitze ein. Victor habe ich nicht getroffen, wohl aber sein Kind."

Der Missionshaus=Vorsteher zuckte zusammen, als er den gehaßten Mann von seiner Cousine wieder in so vertraulicher Weise bezeichnen hörte . . .

„Sein Kind", wiederholte er mit scharfer Be=
tonung, „und ihr Kind ... das Kind der Komö=
diantin ... jener Adele Mai, die so gut Komödie zu
spielen verstand, daß sie ... doch ich will alte Wunden
nicht wieder aufreißen. Aber wenn die Frucht dem
Baume ähnelt, von dem sie stammt, so wird dieses
Kind viel Sünde in die Welt bringen ..."

Clotilde hob rasch das Haupt.

„Johannes", sprach sie und ihre Stimme bebte,
„sprich nicht so ... nicht so von diesem kleinen,
lieblichen Engel mit den schönen, seelenvollen Augen,
dem guten, lieben Gesichtchen ..."

Johannes sah finster zur Erde, auf seiner Stirne
lag eine dunkle, drohende Wolke.

„Sieh Dich vor, Clotilde", sagte er dann, „daß
Du nicht wieder in die Fallstricke des Bösen fällst.
Satan versucht die Schwachen im Glauben unter
allen Gestalten ..." Ein finsterer, fanatischer Zug
schwebte um seinen Mund und im Tone seiner Stimme
lag etwas so Düstres, Drohendes, daß Clotilde er=
schrocken schwieg.

Johannes schritt ein paar Mal im Salon auf und
ab; dann nahm er sein Erbauungsbuch und ging
nach der Thür.

Auf der Schwelle drehte er sich noch einmal um.

„Auf dem Spiegeltisch dort liegt ein Brief aus
Wiesbaden, der während Deiner Abwesenheit kam.

Er ist an Dich adressirt, und nach der Handschrift zu urtheilen von Deinem ... Manne."

Eine leichte Blässe überzog das Gesicht der jungen Frau. Sie nickte nur leise und erst als der Vetter fort war, erbrach sie den Brief.

Er enthielt nur folgende Zeilen:

„Ma chère!

Richte meine Gemächer ein. Ich werde in Bälde dort eintreffen, doch ist der Tag meiner Ankunft noch unbestimmt. Amüsirst Du Dich gut mit dem frommen Vetter? Grüße ihn einstweilen von mir. Es küßt Dir tausendmal die Hand

Wiesbaden, den 20. August.

Alfred von Portheim."

Clotilde ließ den Brief fallen. Sie schlug die Hände vor die Augen und brach in ein leises Weinen aus.

Zwei Tage später kam Baron Portheim mit Extrapost in dem kleinen Badeort an. Clotilde war mit Johannes im Garten, als der Wagen vor der Thür hielt. Herr von Portheim eilte auf seine Gemahlin zu.

„Da bin ich, meine Theuerste", lächelte er — es war noch immer jenes zweideutige ironische Lächeln — und küßte ihr die Hand, „umarme mich ... geben Sie mir Ihren Segen, frommer Vetter ..., ich fühle mich sonst zu profan in Ihrer heiligen Gegenwart." Dabei ließ er sein Augenglas niederfallen und reichte Clotilde den Arm, sie in das Innere der Villa zu führen.

Die sechs Jahre waren nicht spurlos an dem Baron vorübergegangen. Seine Züge waren noch abgelebter, sein Haar noch dünner geworden. Er hatte ganz das Aussehen eines vollendeten, vornehmen Lebemannes, der fertig ist. Aber Etwas hatte er früher nicht besessen, was ihm jetzt eigen war.

Die nervöse Unruhe in seinen Geberden, den hastigen, unstäten Blick, den Johannes an ihm bemerkte. Er hatte die Sicherheit, die blasirte Ruhe nicht mehr, die ihn früher nie verließ ...

Die junge Frau hatte ihren Gemal mit einer eisigen Kälte empfangen. Und bezeichnend genug war die erste Frage, die sie an ihn richtete, die, wann er wieder abreisen würde.

Der Baron lachte ironisch, während ein Blick seiner fahlen Augen hinüber nach Johannes schoß.

„Ei, mein liebes Kind, das ist eine sonderbare Frage, die ich Dir beantworten werde, wenn wir allein sind." Johannes erhob sich.

„O, bleibe nur Vetter Johannes", sprach die junge Frau, „Portheim scherzt nur, er weiß wohl, daß wir keine Geheimnisse haben."

Der Baron biß sich auf die Lippe.

„Diesmal, ma chère, könnte es indessen doch der Fall sein ..." meinte er etwas ernster.

„Ich glaube, Cousine, Dein Mann hat Recht", sprach Johannes, die Worte scharf betonend und seiner Cousine einen bedeutungsvollen Blick zuwerfend, der dem Baron nicht entging, „Ihr habt Euch ein paar Monate nicht gesehen und gewiß eine Menge Dinge mit einander zu besprechen, die Ihr am Besten allein erledigt." Und seine Cousine und den Baron grüßend, ging er. Der Baron sah ihn mit seinem ironischen, zweideutigen Lächeln nach . . .

Dann lehnte er sich bequem in den Sessel zurück und die Beine über einander kreuzend, sprach er: „Du wirst es mir nicht übel nehmen, mein Kind, aber mir scheint Dein frommer Vetter in Dich ver= liebt zu sein."

Die junge Frau erhob sich.

„Hast Du mir Etwas zu sagen?" frug sie schein= bar ruhig und kühl, indem sie die Hand auf die Thürklinke legte . . .

Der Baron machte eine Bewegung.

„Ich wollte Dich nicht verletzen", sprach er ein= lenkend, „und en vérité ich habe mit Dir über ernste Dinge zu sprechen."

Clotilde streifte ihren Mann mit einem Blick, der den Baron unwillkürlich die Augen senken ließ.

„Du wirst Geld brauchen", sagte sie, sich wieder zum Gehen wendend, „ich verstehe von Geschäften Nichts, sprich mit Johannes . . . ich werde ihm sagen,

daß er Deine Wünsche befriedigen soll ... Sind
wir nun fertig?"

Der Baron stand auf und ging, die Hände auf
dem Rücken zusammengelegt, ein paar Mal in dem
Salon auf und nieder.

Dann blieb er vor Clotilde stehen und sprach:

"Offen gestanden, Clotilde ... ich möchte in der
Sache nicht gern mit Deinem Vetter verhandeln. Ich
weiß es, ich bin kein Heiliger, kein Betbruder, aber
die Frömmigkeit Deines Cousins flößt mir einiges
Grauen ein." Er sprach dies in einem ungewöhnlich
ernsten Tone, der auffallend gegen die leichte, ironische,
witzelnde Manier, in der er sich sonst zu geben pflegte,
abstach.

Clotilde fühlte sich durch den Ton, wie durch die
Worte selbst betroffen.

Sie fühlte das Wahre aus der Bemerkung ihres
Mannes heraus.

Wenn sie noch vor Kurzem die Hoffnung gehegt
hatte, in dem glaubenseifrigen Johannes eine Stütze
und einen Trost zu finden in ihrem öden, liebeleeren
Leben, so hatten ihr die letzten Wochen, vor Allem
aber die Unterredung vor einigen Tagen, in welcher
ihr Vetter so hart über das kleine liebe Mädchen
geurtheilt, die Kluft gezeigt, die sich zwischen ihr und
ihm gähnend aufthat.

Es fröstelte sie bei dem Gedanken an diesen starken Glauben ihres Vetters, der in dem kleinen, un-

schuldigen Clärachen ein Kind der Sünde sah, weil es die Tochter einer armen Theaterchoristin war.

„Aber es ist doch nur eine Geldangelegenheit", antwortete nach einer kleinen Pause Clotilde, indem sie die Thürklinke fahren ließ und an das Fenster trat, in einem weniger schroffen und kalten Tone; „ich denke, das wird bald abgemacht sein."

Der Baron that einige Schritte und blieb dann vor einem Bilde stehen.

„Ich möchte Dir gern reinen Wein einschenken", sprach er mit etwas verlegener Miene, das Gemälde betrachtend, um nicht die Augen auf seine Frau richten zu müssen, „damit Du weißt, um was es sich handelt . . . Ich habe in diesem Sommer in Homburg und Wiesbaden einige Verluste gehabt, die mich etwas derangirt haben . . . Ich habe auf einige Frankfurter Häuser Wechsel gezogen, die ich nächstens decken muß. Nun habe ich zwar verschiedene Staatspapiere und Actien, die ich verkaufen könnte, aber die Course für diese Papiere stehen jetzt so niedrig, daß ich gegen 30 Prozent vom Einkaufspreis verlieren würde . . . Enfin . . . ich brauche baare fünfzehntausend Thaler . . ." Als das Wort heraus war, athmete er lebhaft auf und drehte sich rasch nach seiner Frau um . . .

„Fünfzehntausend Thaler . . .!" wiederholte Clotilde betroffen . . . „Fünfzehntausend Thaler." Obgleich sie um Geldgeschäfte sich eigentlich wenig be=.

kümmert, war sie doch immerhin die Tochter eines
Kaufmanns, die einen solchen Spielverlust zu würdi=
gen wußte. Sie hatte so viel Zahlensinn, um sich
zu sagen, daß noch einige unglückliche Sommer von
Wiesbaden oder Homburg ihren Mann vollständig zu
Grunde richten würden.

Portheim hatte gespannt den Eindruck beobachtet,
welchen seine Mittheilung auf seine Frau hervor=
brachte.

„Ich sagte Dir es ja gleich", begann er wieder
in seiner frivol=ironischen Weise, die ihm zur andern
Natur geworden, „die Sache ist zu bedeutend, um sie
mit dein Vetter ordnen zu können. Er würde mir
zuvor so viel Predigten halten, daß ich in einem
salbungsvollen Meer von Redensarten ersaufen würde,
wie mein Freund der arme Vicomte von Martiniere
in dem Weiher von Wiesbaden, nachdem er seinen
letzten Napoleon verloren hatte . . ."

„Und doch kann ich Johannes nicht gut umgehen",
antwortete Clotilde mit abgewandtem Gesicht, denn
der Ton, in welchem Portheim das Letzte gesprochen,
war ihr unerträglich, „ich habe ihm, als er hierher
kam, die Ordnung und Führung meiner Geldangelegen=
heiten übertragen und ich weiß in der That nicht,
wie die Sachen jetzt liegen, ob er in der Kürze eine so
bedeutende Summe wird baar beschaffen können" . . .

Der Baron schritt einige Augenblicke, ein fran=
zösisches Liedchen leise trällernd, sinnend durch den

Salon. Seine alte frivole, spöttelnde Art gewann wieder vollständig die Oberhand in ihm. Er fühlte sich durch die Bemerkungen seiner Frau gereizt, durch ihre angeblichen Weiterungen verletzt.

„Ist der Vetter Johannes", frug er, am Fenster stehen bleibend und mit den Fingern einen Marsch auf der Scheibe trommelnd, „nur Dein Geschäfts= führer oder hat er auch noch das Amt eines Beicht= vaters? Mir scheint, daß Du auch fromm geworden bist, was früher nicht Deine Leidenschaft war ..."

„Ich denke, wir sind fertig miteinander", ant= wortete Clotilde und öffnete die Thüre, die hinaus auf die Veranda führte, „Du sollst das Geld haben ... wenn es möglich ist ... Ich werde Johannes mei= nen Willen mittheilen, das Uebrige könnt Ihr mit einander ordnen." Sie ging ...

Der Baron sah ihr mit verschränkten Armen und einem spöttischen Lächeln nach.

„Sapristi!", sprach er für sich, „Sie treten sehr determinirt auf, meine Gnädigste und hüllen sich majestätisch in Ihren Tugendmantel ... Was wohl dahinter stecken mag? Ah, da kommt der fromme Himmelsvetter ... Attention, Alfred ..."

Johannes trat in den Salon. Ein lauernder Blick unter den niedergeschlagenen Augen hervorbrechend fiel auf Portheim.

„Haben Sie mit meiner Frau gesprochen?" frug der Baron.

„Ja, Vetter Portheim, aber laſſen wir jetzt die Geſchäfte . . . Erholen Sie ſich erſt von den An= ſtrengungen der Reiſe . . . Wir werden noch Zeit genug haben, darüber zu ſprechen . . . Indeſſen kann ich Ihnen eine Neuigkeit mittheilen, die Ihnen vielleicht nicht ganz unintereſſant ſein wird. Wiſſen Sie, wen wir hier in dieſem idylliſchen Waldbad getroffen haben?"

Der Baron zuckte leicht mit den Schultern . . .

„Wie kann ich das errathen, lieber Vetter", lächelte er ſpöttiſch, „ich bin nicht allwiſſend, auch kenne ich zu wenig dieſe klein=bürgerliche Geſellſchaft, welche in dieſen langweiligen` thüringiſchen Neſtern ihre Sommerfriſche abhält . . ."

„Aber den Mann kennen Sie . . . Es iſt Herr Victor Linden . . ."

Ein unbeſchreibliches, die verſchiedenartigſten Ge= fühle ausdrückendes „Ah!" flog über die Lippen des Barons . . .

Die beiden Männer ſahen ſich eine Weile ſtumm an. Der Miſſionsvorſteher mit lauerndem, forſchendem Blick, der Baron einigermaßen überraſcht, verblüfft . . . Endlich erholte er ſich von ſeiner Ueberraſchung.

„Teufel", ſagte er, „das iſt eine angenehme Neuig= keit. Weiß meine Frau ſchon davon? . . ."

„Seit einigen Tagen."

Der Baron ſtand auf, zündete ſich eine Cigarre an und ging einige Minuten nachdenkend im Salon auf und ab.

Dann warf er sich in den Schaukelstuhl am Fenster und lachte hell auf.

Johannes hob hastig den Blick, überrascht durch diesen plötzlichen Ausbruch einer lärmenden Lustigkeit, die er nicht begriff.

„Wissen Sie, Vetter, worüber ich lache? Daß dieser Herr Linden Ihnen ebenso zuwider ist, wie mir und daß ich aufs Neue den Spruch bestätigt finde: Die Extreme berühren sich. Sie, der Mann Gottes und ich, das Kind der Welt, haben dieselben Empfin= dungen in Bezug auf den Menschen . . .“

Der Missionsvorsteher ignorirte diese Bemerkung und antwortete nur:

„Sie fassen meine Mittheilung von sehr heiterer Seite auf — und doch glaube ich, daß sie ernst genug ist . . .“

„Oh, ich läugne das nicht . . . Aber dennoch muß ich über die Beharrlichkeit lachen, mit welcher Sie Mann Gottes diesen armen Linden, der Ihnen eigentlich doch nichts gethan hat, verfolgen . . . Daß ich ihn nicht liebe, das hat doch eine gewisse Be= rechtigung . . . aber Sie, Sie, der feurige Kohlen auf das Haupt seiner Feinde sammeln soll . . .“ Und er lachte von Neuem auf, daß es durch den Saal hallte . . .

Johannes strich mit seiner feinen, weißen Hand das dunkle Haar hinter das Ohr zurück und antwortete, während seine Augen, aus denen ein grollender Blick

hinüber zu dem Baron geflogen, sich zur Diele nieder
senkten:

„Es ist nicht die Person, die ich in dem Menschen
hasse, sondern das böse Prinzip, das in ihm ver=
körpert ist, der Geist des Aufruhrs, des Abfalls von
der heiligen Ordnung Gottes, der Geist der Empörung,
der in dem Menschen lebt. Die Sünde in ihm ist
es, die ich bekämpfe."

„Ja wohl, ja wohl", spottete der Baron, dessen
Hang zur Ironie Nichts schonte, „ich kenne das.
Ihre Vorgänger im Glauben, die Dominikaner, sagten
dasselbe. Sie verfolgten nicht die Ketzer, sondern nur
die Ketzerei. Dabei passirte es ihnen im Eifer, daß
sie eine halbe Million Menschen verbrannten.

Ach, gehen Sie mir doch mit Ihren Finessen,
lieber Vetter . . . Sie hassen die Sünde und ver=
zeihen dem Sünder. Wie fangen Sie denn das an?
Nein, ich bin ehrlicher. Ich hasse den Linden, weil
er mir meine Zwecke durchkreuzt, weil er mir unbequem
ist und weil ich — offen gestanden, in seiner Gegen=
wart einige Mal ein brennendes Gefühl im Gesicht
empfand, gerade als ob ich unsichtbar geohrfeigt wor=
den wäre . . ."

Johannes erhob:

„Wissen Sie, lieber Vetter, daß Sie eine sehr . . .
sehr drastische Ausdrucksweise haben? Aber ich sehe
auch, daß Sie augenblicklich nicht in der Stimmung

sind, ruhig über Dinge zu verhandeln, die von Wichtig=
keit für Sie sind . . .“

„Ich glaube, Sie haben Recht . . . Und überdies
spüre ich einen Hunger wie ein Währwolf . . . Nach
dem Essen läßt es sich viel behaglicher sprechen . . .
Frühstücken wir also zunächst . . . Sapristi . . .
Die Thüringer Waldluft zehrt; nun begreife ich, wie
die Menschen in diesen Wäldern von Kartoffeln und
Heidelbeeren sich nähren können . . .“

Es vergingen einige Tage, ohne daß der Baron
Clotilde gegenüber die Geldangelegenheit wieder er=
wähnte. Er kam überhaupt, außer bei den gemein=
schaftlichen Mahlzeiten, nicht mit ihr zusammen. Ent=
weder streifte er mit der Flinte in dem nahe gelegenen
Wald herum, der städtisches Eigenthum und den Bade=
gästen als Jagdrevier zur Verfügung gestellt war,
oder verkehrte mit dem Vetter Missionär, dessen Ein=
fluß auf den Baron sichtlich wuchs, so sehr Port=
heim auch zuweilen durch seine ironische Behandlung
aller Dinge sich davon frei zu halten suchte.

Auch Johannes kam seit der Ankunft Portheim's
mit Clotilde viel weniger in Berührung. Die junge
Frau lebte meist für sich, las oder ging spazieren . . .
Die Richtung dieser Spaziergänge war fast immer
dieselbe. Nach jener Waldhöhe hinauf, von welcher

aus der Rückweg unweit der Wohnung Victor's vorbei=
führte ... Clotilde fühlte sich zu Hause unruhig,
beängstigt. Erst wenn sie aus der Villa fort, nicht
mehr in der Nähe Portheim's und ihres Vetters, im
Bereiche Victor's war, fühlte sie sich ruhiger, sicherer.
Trotzdem hatte sie Victor seit jenem Gewitterabend
im Garten noch nicht wieder gesehen. Ein natür=
liches, weibliches Schamgefühl hielt sie zurück, eine
Begegnung zu suchen, die unter allen Umständen für
Beide eine peinliche sein mußte.

Mit Clärchen war sie dagegen öfter zusammen=
getroffen. Frau Mathes, welche die Zuneigung der
fremden Dame zu dem schönen, klugen Kinde bemerkte,
schien es so einzurichten, daß sie bei ihren Spazier=
gängen mit der Kleinen der Baronin begegnete ...

Das Kind hatte die junge Frau rasch lieb gewon=
nen. In den kleinen Kinderseelen liegt ein Ahnungs=
vermögen, welches ihnen die Erfahrung der Erwachsenen
ersetzt. Sie errathen, diese kleinen, unschuldigen Her=
zen, wer gut und liebevoll ist, sie ahnen die Unver=
derbtheit der Seele und ihr reines Kinderherz fühlt
sich hingezogen zu dem ihm verwandten Gemüth, ver=
wandt durch Güte, Liebe und Unschuld.

Clärchen nannte Clotilde nur ihre „Mama Clo=
tilde" ... Bei allem Schmerzlichen, das diese Be=
zeichnung in der Seele der jungen Frau erzeugte,
hatte diese Benennung für sie doch wieder etwas Süßes,
Beseligendes ...

Es war am vierten Tage nach der Ankunft ihres Mannes. Der Baron war auf die Jagd gegangen und Johannes, der fromme Johannes, hatte ihn begleitet. Ja, er hatte sogar eine Doppelflinte mitgenommen. Sein frommes Herz, das für die armen Heiden schlug und seine weiche Hand, die für die Mission sammelte, gestatteten es ihm auf die kleinen, armen Spatzen und Finken zu schießen, die draußen in Feld und Busch harmlos herumschwirrten. Gestern hatte er von seinem Jagdzug drei kleine erschossene Vögel mit nach Hause gebracht. Schlaff und blutig hingen die Köpfchen der Thierchen hernieder und Clotilde hatte unwillkürlich ein leiser Schauder überflogen, als Portheim beim Abendessen scherzend die Sicherheit ihres Vetters in Handhabung des Gewehrs rühmte.

Sie hatte dabei an die kleine, verlassene Brut der todten Vögel denken müssen, die vergebens ihre hungerigen, gelben Schnäbel aufgesperrt und auf ihre Alten gewartet hatten . . .

Ein Wort des Bedauerns, des Mitleids entschlüpfte ihr.

Aber Johannes hatte ihr in seinem weichsten, salbungsvollsten Tone versichert, daß dies die Bestimmung der unvernünftigen Creatur sei.

„Hast Du das Wort der Schöpfungsgeschichte vergessen, liebe Clotilde", so schloß er, „die Worte, die da lauten: und herrschet über Fische im Meere,

und über Vögel unter dem Himmel, und über alles
Thier, das auf Erden kriechet?"

„Und damit willst Du wirklich diese zwecklose
Grausamkeit beschönigen?" hatte Clotilde tief verletzt
erwiedert und war vom Tische aufgestanden, ohne die
Antwort des frommen Vetters abzuwarten ... Heute
war er also wieder mit Portheim hinaus in den
Wald gegangen und sie schlug ihren Lieblingsweg,
nach jener Bergspitze ein, die im Volksmunde der
Poetensitz hieß. Nach den Ueberlieferungen der Gegend
sollte Schiller während seines Aufenthalts in diesem
Theile Thüringens an dieser Stelle die Idee zu seinem
Gedicht „Der Spaziergang" gefaßt haben.

Es war ein schöner, ruhiger, sonniger August=
morgen; der hochgewölbte blaue Himmel, von kleinen,
lichten, hellen Wolken, die wie eine zahllose weiße
Lämmerheerde erschienen, übersäet ... Wiesen und
Feldraine, die hier mit den wohlriechenden Kräutern:
Lavendel, Thymian und Melisse bedeckt sind, strömten
einen ungemein kräftigen, berauschenden Duft aus,
der aber durch die leicht bewegte Luft gemildert wurde.
Die Wälder prangten, von einigen Regenschauern in
der Nacht erfrischt, in dem üppigsten Grün des Hoch=
sommers, die Wellen des Flusses glänzten und leuchte=
ten, wie flüssig dahinströmendes Silber, die Vögel
schwirrten fröhlich unter dem Himmel dahin und
schmetterten aus ihren kleinen Kehlen lustige Lieder
hinaus in die warme Luft und die Sonne warf

ihr goldnes Lächeln über Wiese, Wald, Berg und
Fluß . . .

Ach, das war ein Tag, an dem man sich freuen
konnte, ein Bewohner dieser Erde zu sein.

Das empfand auch in vollem Maaße die kleine,
liebliche Kinderseele Clärchen's . . . Clotilde hatte
kaum auf dem Ruheplatz des Poetensitzes sich nieder=
gelassen, als die Kleine unten von dem Spielplatz hin=
ter dem Hause heraufgesprungen kam, das Gesichtchen
geröthet, die blonden Haare flatternd, die Arme aus=
gebreitet, die alte Frau Mathes weit hinter sich lassend.

„Mich freut's, mich freut's . . .", rief sie und
klatschte in die kleinen Hände, „o, wie es mich freut,
Mama Clotilde . . . da . . ." Und sie warf ihr einen
Strauß Feldblumen in den Schooß . . .

Clotilde hob die Kleine empor und küßte sie.

„Wie Du heiß bist", sagte sie, ihr die glühenden
Wangen streichelnd, „und wie das kleine Herz schlägt
vom raschen Laufen . . ."

„Weil ich Dich sehen wollte", antwortete die
Kleine, mit dem Haar Clotilden's spielend, in das
sie eine Blume zu stecken suchte, „und weil ich eher
bei Dir sein wollte als Papa . . ."

„Dein Papa? . . .", frug Clotilde und ließ das
Kind erschrocken vom Schoß auf die Erde gleiten . . .

Das kleine Mädchen nickte.

„Ja, mein Papa", wiederholte sie, „ich habe ihm
eben von meiner Mama Clotilde erzählt."

„Ach ja, entschuldigen Sie nur, gnädige Frau", sprach die Wärterin, näher hinzutretend, „die Kleine hat Herrn Linden so viel von Ihnen erzählt und nicht geruht, bis er ihr versprochen, Sie hier aufzusuchen."

„Weiß er denn meinen Namen?"

„Ihren Namen", lächelte verlegen die ehrliche Thüringerin, „nun ja ... Mama Clotilde ... einen andern kenne ich ja auch nicht ..."

Unterdessen hatte die junge Frau ihre Mantille umgelegt und sich zum Gehen bereit gemacht.

„Ach, Du willst gehen ...", rief die Kleine betäubt ..., „ach, Mama Clotilde, das ist nicht schön ... wenn nun Papa kommt ... ach! da kommt er schon ... Da kommt er schon ..." rief sie, freudig in die Händchen klatschend, „nun bleibst Du da, nicht wahr?"

Linden stieg langsam den Bergpfad hinan ...

Clotilde legte die Hand aufs Herz, das hörbar laut hämmerte; sie wollte fliehen, aber ihre Kniee wankten ... sie mußte sich auf die Rücklehne der Ruhebank stützen ...

Linden war etwas kurzsichtig, er erkannte nur die Umrisse der Gruppe, daran, daß die junge Frau, Mama Clotilde, die Baronin von Portheim sein könnte, dachte er nicht im Entferntesten ...

„Papa, Papa ...", rief Clärchen ihm entgegen fliegend, so komme doch, Mama Clotilde wartet schon ..." Der jungen Frau schoß alles Blut in

die Wangen, sie zitterte und wagte kaum den Blick
vom Boden zu erheben . . .

Linden kam näher und näher . . . endlich stand er
vor ihr und „. . . Clotilde . . . Frau von Portheim“
flog es in rascher Verbesserung von seinen Lippen . . .
Linden war aufs Höchste überrascht, Vergangenheit und
Gegenwart flossen in einander.

Die Kleine betrachtete verwundert die Beiden.
Dieses stille, stumme Gegenüberstehen wollte nicht in
ihr Köpfchen . . .

„Aber, Papa, warum giebst Du nicht Mama
Clotilde die Hand? Sie erzählt mir so schöne Geschichten und sie will auch meiner Anna“ — dies war
ihre Lieblingspuppe — „ein neues Kleid machen. Und
dem Belly kaufen wir zum Jahrmarkt ein neues Halsband . . . Nicht wahr, Mama Clotilde?“ Und sie
schlug fröhlich die kleinen Hände zusammen, während
Belly, der seinen Namen nennen hörte, lustig bellend
um das kleine Mädchen herum sprang.

Das Geplauder des Kindes hatte Linden wie der
Baronin Zeit gegeben, sich etwas zu fassen.

„Sie sind erst seit Kurzem hier im Waldbade?“
frug er und man merkte es ihm an, wie schwer ihm
die alltägliche Frage wurde.

„Seit Anfang des Sommers“, antwortete sie und
zerpflückte eine der Blumen, die ihr Clärchen gegeben
hatte . . .

„So lange schon?" entgegnete er und wieder stockte das Gespräch . . .

„Ach, Frau Mathes . . . der schöne Citronen= Vogel", rief Clärchen und sprang einem Schmetter= ling nach, während die besorgte Wärterin dem leb= haften Kinde nacheilte.

Die Beiden waren allein. Diesmal war es Clotilde, welche das Gespräch wieder anknüpfte, indem sie ihm die Hand entgegenstreckte.

„Lassen wir die Vergangenheit ruhen", sagte sie leise und mit einem wehmüthigem Lächeln, „und tragen wir geduldig das, was uns Gott auferlegt . . . Sie haben viel Schmerzliches erfahren . . ."

Wenn noch ein Rest von Bitterkeit in ihm war, so schwand er vor dem wehmüthigem Lächeln und vor den traurigen Worten der jungen Frau.

„Auch Sie haben die Bitterkeit des Lebens gekostet", sagte er und sie hörte aus dem Tone seiner Stimme wieder jenen Klang heraus, der ihr einst in früheren Tagen, als sie noch seine Clotilde war, so unendlich wohl gethan, „auch Sie haben erfahren, daß wir die Thatsache unseres Daseins sehr theuer bezahlen müssen? . . . Freilich, wer machte nie diese Erfahrung; nur wird sie dem Einen schwerer, wie dem Andern . . .

Da kam Clärchen in vollem Lauf zurück . . . . Belly hinter ihr. „Der Citronenvogel ist fort . . . in die weite, weite Welt. Komm mit, Mama Clotilde, nach Hause . . . ich will Dir meine Puppenstube und

mein Bilderbuch zeigen ... nicht wahr, Papa, Mama
Clotilde geht mit?"

Clotilde bückte sich verlegen und pflückte eine Blume
ab, während Linden, die Kleine emporhebend, sagte:

„Ich will Dich tragen, Clärchen ... Du hast
Dich müde gelaufen und siehst ganz erhitzt aus ..."

So gingen sie, eine Strecke nebeneinander, bis zu
der Stelle, wo sich der Weg hinunter nach der Villa
Portheim abzweigte.

Hier reichte Clotilde dem Kinde die Hand zum
Abschied.

„Du willst nicht mit mir und Papa gehen",
sagte traurig die Kleine, „ach, das ist nicht schön von
Dir, Mama Clotilde ..."

„Wir sehen uns morgen wieder, Clärchen", ant=
wortete die junge Frau, das Kind küssend, während
eine Purpurröthe ihre Stirn und Wangen färbte ...

Dann grüßte sie Linden mit einer stummen Ver=
beugung, die er ebenso stumm erwiederte und flog
wie ein scheuer Vogel den Pfad hinab ...

Weder sie, noch Linden hatten bemerkt, daß hoch
oben am Waldsaum zwei Männer, die vor wenigen
Minuten aus dem Busch getreten waren, diese Ab=
schiedsscene beobachtet hatten ...

Sie standen auf ihre Jagdgewehre gestützt und der
Eine von ihnen hatte sein goldnes Lorgnon ins Auge
geklemmt ...

„Sapristi", lachte er spöttisch, „mein armer Freund, der Vicomte von Martiniere, würde diese Situation äußerst pikant finden. Ihre tugendhafte Cousine hat Fortschritte in der Cultur gemacht, ohne in Paris gewesen zu sein. Ein Rendezvous mit ihrem alten Liebhaber und noch dazu in Gegenwart des kleinen Balgs ... Was sagen Sie dazu, Vetter Johannes? Aber, bei dem Schatten des armen Martiniere, Sie schneiden ein Gesicht, vor dem man sich fürchten könnte ... Bleiben Sie ruhig, diese Affaire werde ich mit ihr ins Reine bringen ..."

„Und ich mit ihm", fügte der Missionsvorsteher mit einem Blick hinzu, der selbst den Baron verstummen ließ, „ich werde ihn ruhig machen ..."

Dann hob er die Flinte und legte auf einen Vogel an, der vielleicht zwanzig Schritte entfernt in den Zweigen einer Birke saß.

„Soll ich ihn in den Kopf oder durch die Brust schießen?" frug er den Baron ...

„Kopf", antwortete Portheim und richtete das Lorgnon nach dem Rothkehlchen, das, die Gefahr nicht ahnend, lustig sein Liedchen sang.

Johannes zielte ... dann knallte es ... eine leichte Rauchwolke wirbelte auf und:

„Wahrhaftig den halben Kopf weggeschossen", rief Herr von Portheim aus, der nach der Birke zu ge=sprungen war ... „sehen Sie", und er warf dem Missionsvorsteher den Vogel zu ...

Johannes stieß den kleinen, blutigen, noch zuckenden Körper mit dem Fuß in das Gebüsch, warf das Gewehr auf die Schulter und sagte:

„Kommen Sie . . . ich bin heute in der Stimmung, unsere Geschäfte in Ordnung zu bringen.“ Sie schlugen den Weg nach der Villa ein.

―――――

Die Mittags-Mahlzeit war vorüber. Clotilde hatte, Kopfweh und Ermüdung vorschützend, sich in ihr Zimmer zurückgezogen, das zu ebener Erde neben dem Salon lag. Der Baron und Vetter Johannes waren beim Kaffee sitzen geblieben . . .

Portheim hatte sich eine Manilla-Cigarre angebrannt und hörte, in seinem Fauteuil liegend, aufmerksam dem Missionsvorsteher zu, der seinen Sessel dicht an den des Barons herangerückt hatte und mit leiser, aber eindringlicher Stimme sprach . . .

„So liegen die Dinge“, sagte er und strich sich mit der Hand das Haar hinter das Ohr zurück, „und ich wiederhole nochmals: geben Sie sich keiner Täuschung hin. Entweder Sie willigen ein, sich von Ihrer Frau zu scheiden oder Sie erklären Ihre Insolvenz. Als meine Cousine mir die Verwaltung ihrer Geschäfte bei meiner Ankunft hier übertrug, zeigte mir ein Blick in ihre Papiere, wie Ihre Finanzen standen. Meine Cousine hat schon einmal eine Schuld von zehntausend Thalern für Sie bezahlt. Ich sah voraus, daß Sie neue Anforderungen an Ihre Frau stellen würden und wollte dem nach Kräften vorbeugen, indem ich alle verfügbaren Gelder fest anlegte und wenigstens meine Cousine vor Ueberrumpelungen schützte."

Der Baron, welcher mit dem Gesicht halb abgewandt von dem Missionsvorsteher saß und die bläulichen Rauchwölkchen seiner Manilla durch das offene Fenster hinausziehen ließ, drehte sich rasch in seinem Fauteuil nach dem Sprecher um.

„Pater Lamormain!"

„Ich bitte, lassen Sie diese überflüssigen Bemerkungen", antwortete Johannes scharf und streng, „was ich that, das that ich nicht meinetwillen, sondern um das Gut meiner Cousine nicht im Dienste der Sünde verschwenden zu lassen, sondern der heiligen Sache des Herrn zu erhalten."

„Das heißt Ihrer Missionsgesellschaft . . .", fiel der Baron boshaft ein und warf die Cigarre durch das offene Fenster.

„Sie steht im Dienste der Kirche . . ."

„Und die Kirche, sagt Herr von Goethe", unterbrach ihn bitter lachend der Baron, „hat einen guten Magen und kann viel unrecht Gut vertragen, warum nicht auch das Vermögen meiner Frau, von dem ich eigentlich die unbeschränkte Nutznießung haben sollte, wenn mein seliger Herr Schwiegerpapa nicht so ein

Filz gewesen wäre und durch testamentarische Ver=
fügung über seine Hinterlassenschaft mein gutes Recht
geschmälert hätte ..."

Johannes zuckte mit den Achseln.

„Von Ihrem Standpunkt aus mögen Sie nicht
Unrecht haben, indessen es ist nun einmal so und ich
würde eine Sünde begehen, wenn ich diesen sichtbaren
Wink der Vorsehung, irdisches Gut zur Verherrlichung
der Kirche zu gewinnen, nicht beachtete. Doch Ihre
Unterbrechungen lenken uns bloß von unserem Zwecke
ab, darum bitte ich Sie nochmals, mich ruhig an=
zuhören.

Mein Vorschlag geht dahin: Sie erklären notariell
in eine Scheidung von Ihrer Frau zu willigen und
reichen zugleich die Scheidungsklage ein — an Grün=
den wird es Ihnen ja nicht fehlen — und Clotilde
übernimmt dagegen nicht nur Ihre Wechselschulden,
sondern zahlt Ihnen auch noch baar dreißigtausend
Thaler aus ..."

Der Baron stand auf und ging einige Mal leb=
haft im Salon auf und nieder. Dann blieb er vor
Johannes stehen und den Missionsvorsteher mit einem
forschenden Blicke messend, lächelte er ironisch: „Dreißig=
tausend Thaler? Mehr bin ich Ihnen nicht werth,
kleiner Schäfer?"

Johannes zuckte stumm die Achseln.

„Ist das Ihr letztes Gebot?" frug dann der
Baron.

„Mein letztes."

Portheim lachte bitter auf.

„Nun bei Gott, das Rechnen haben die Frommen immer verstanden. Sie wissen, daß mir das Messer an der Kehle steht und Sie fahren sanft mit der Klinge über meine Gurgel. Aber wie nun, wenn ich auf Ihr Gott wohlgefälliges Geschäft nicht eingehe, wenn ich Ihre Pläne meine Frau auseinandersetze, wenn ich erkläre zu bereuen, ein anderer Mensch zu werden. He? ..."

Ein verächtlicher Blick des Missionsvorstehers streifte den Baron.

„Sie wissen am Besten, daß Ihnen Alles das nichts hilft. Was meine Pläne anlangt, so kennt meine Cousine diese. Sie weiß, daß ich für eine Trennung Ihrer Ehe bin, denn ich habe ihr selbst zuerst den Gedanken eingegeben, sodann habe ich auch nie ein Hehl daraus gemacht, daß es mein lebhaftester Wunsch ist, die reiche Habe, mit welcher der Herr meine Cousine bedacht, für die heilige Sache der Kirche verwendet zu sehen. Was Ihre Reue betrifft, so glaubt Sie Ihnen nicht, das werden Sie sich selbst sagen und schließlich werden Sie nichts erreichen, als daß Ihre Frau diesem ... Linden, diesem Menschen, den Sie seit heute noch mehr Grund zu hassen haben, in die Arme treiben ..."

Der Baron senkte den Kopf.

Diesem frommen Manne war er nicht gewachsen. Das fühlte er. Die geistige Ueberlegenheit Johannes machte sich dem Baron gegenüber auch heute wieder geltend.

„Sie nehmen also meinen Vorschlag an?", frug nach einer kleinen Pause der Missionsvorsteher.

„Was bleibt mir anders übrig", lachte mit einem verzweifelten Humor der Baron, „nur bitte ich Sie noch darum, mich alle Tage in Ihr Gebet ein=zuschließen."

Johannes erhob sich.

„Ich werde die nöthigen Documente aufsetzen", sagte er, „die Sie dann vor dem Notar unterzeichnen ... Um das Geld flüssig zu machen, muß ich auf einige Tage nach Leipzig reisen. Beobachten Sie während der Zeit meine Cousine aufmerksam. Und nun Adieu, die Post zur nächsten Eisenbahnstation geht in zwei Stunden ab und ich habe noch meine Vorbereitungen zu treffen."

Der Baron blieb allein im Salon.

„Sapristi", sagte er, „ich will froh sein, wenn ich wieder in Homburg bin ... Wie melancholisch und tragisch ist doch Alles hier in diesem Thüringen. Ich komme mir selbst wie ein Romanheld vor und sterbe dabei vor langer Weile."

Er starrte, das Lorgnon ins Auge geklemmt, durch das Fenster auf die Straße. Ein hübsches Bauer=

mädchen mit einem Korb ging vorüber; sie trug einen
rothen Friesrock und ging barfuß ...

„Sieh da, eine kleine paysanne ... und ein ganz
allerliebstes Geschöpf, mit Füßchen wie Aschenbrödel..."
Er nahm seinen Hut, warf einen Blick in den Spiegel
und verließ, eine Arie aus Zampa trällernd, den
Salon, dem Mädchen folgend, das den Weg hinauf
zum Walde eingeschlagen hatte.

————————

Die Nacht war still und dunkel. Kein Laut stieg
empor von der schlummernden Erde, nicht einmal den
fernen Ruf eines Hirsches aus den Wäldern oder den
unheimlichen Schrei einer Eule hörte man.

Es war so recht eine Nacht wie zum Brüten und
Denken geschaffen, in der kein Geräusch der Außen=
welt den Geist in seiner geheimnißvollen Arbeit störte.

In seinem einsamen Zimmer saß Victor am Tisch
und schrieb. Die Thüre des anstoßenden Schlaf=
gemachs war halb geöffnet und nur das aufmerksame,
leise Gehör des Vaters vernahm die leichten, regel=
mäßigen Athemzüge Clärchens, die mit in einander-
gefalteten Händchen den süßen, heiligen Schlaf der
Kindheit schlummerte ...

Das, was Victor schrieb, war ein Brief, an den
alten Regisseur des Stadttheaters gerichtet, der vor
sechs Jahren Zeuge seiner Verlobung mit Adele

gewesen war und der die Begebenheiten kannte, die
diesem Schritte Victor's vorhergegangen waren.

Mittheilungen, Betrachtungen, Schilderungen von
Erlebnissen bildeten den ersten Theil des Briefes.

„Vor einigen Tagen", so schrieb er unter Anderem,
„wurde ich wieder recht lebhaft an Sie und Ihre
Mittheilungen aus dem Theaterleben erinnert. In
der kleinen Stadt, in welcher ich gegenwärtig hause,
ein Ort von vielleicht sechstausend Einwohnern und
zugleich Residenz eines jener kleinen thüringischen
Fürsten, deren Dasein so friedlich, unberührt von den
Stürmen der hohen Politik dahinfließt, wie das
Wasser ihrer Waldbäche, wird jetzt Komödie gespielt.
Man gab gerade ein Stück von Gutzkow, Uriel Acosta,
und ich sah mir die Vorstellung mit an. Die Leute
spielten sammt und sonders sehr mittelmäßig. Indessen,
das hätte ich ihnen noch verziehen, müssen wir doch
überall so unendlich viel Mittelmäßigkeit in den Kauf
nehmen. Aber was mich ärgerte und mir den ganzen
Abend verleidete, war die Wuth, mit welcher einige
der Darsteller der Menschennatur sich bestrebten un=
natürlich zu sein. Dieser gespreizte Gang, diese ge=
schraubte, verzerrte Art und Weise sich zu geben,
dieses echauffirte Athmen bei der unbedeutendsten Ge=
müthserregung, das unwillkürlich in mir die Vor=
stellung erweckte, in der Brust dieser Leute wären
große Blasebälge, die mit Dampf getrieben würden,
mit einem Worte, diese Verachtung der Einfachheit

und diese Mißhandlung der Natur war über alle
Beschreibung. Würde im wirklichen Leben ein Mensch
in gleicher Lage sich so geberden, wir würden ihn für
einen Verrückten erklären oder einen Hanswurst nennen.

Nach der Vorstellung ging ich noch auf kurze Zeit
in ein Gasthaus, wo sich auch allmählig die ganze
Schaar der Mimen, männlichen, wie weiblichen Ge=
schlechts einfand. Hatte mich die Vorstellung ärgerlich
gestimmt, so machte mich die Unterhaltung, in die ich
auch bald nach meinem Eintritt hineingezogen wurde,
recht traurig . . .

In der That, mein alter Freund, diese Leute können
nicht natürlich sein und uns die Natur, verklärt durch
die Kunst, in ihren Gebilden wiedergeben, weil sie in
einer Welt ganz unnatürlicher Anschauungen leben.

Zu den ersten Bedingungen des Vollbringens ge=
hört doch unstreitig die Kenntniß des Maßes der
eignen Kraft, die Selbsterkenntniß, die das wahrlich
nicht leichte Studium des eignen Wesens, unseres
innersten Selbst voraussetzt . . .

Was fand ich aber statt dessen?

Die maßloseste Selbstüberschätzung und Unkennt=
niß des eignen Ich's.

„Sehen Sie", sagte einer der Künstler zu mir,
dem ich durch eine Cigarre und ein Glas Wein das
Herz abgewonnen, „ich muß in diesem elenden Ver=
hältniß den Komiker spielen, ich, der ich ein geborner
Intriguant bin"; dabei runzelte er auf bedenkliche

Weise die Augenbraunen und leerte sein Glas mit
einem Zuge, „ich sage Ihnen, Herr, es ist fürchterlich
mit solchen dramatischen Tagelöhnern", er deutete auf
seine Collegen, „ die nicht einmal richtig Deutsch sprechen
können, Komödie spielen zu müssen . . ."

„Aber haben Sie nicht heut den Ben Jochai ge=
spielt? . . ." entgegnete ich, denn ich besann mich nun
auf die Persönlichkeit und mir fiel ein, wie erbärm=
lich er in dieser Rolle, die sein gebornes Fach war,
gewesen . . .

„Ja, ich habe ihn gespielt und Sie werden ge=
funden haben, wie ich abstach von dem anderen Grob=
zeug. Ich könnte auch längst an der Hofburg in
Wien, in Dresden oder Berlin am königlichen Theater
engagirt sein, wenn ich nicht durch die elenden Ka=
balen und Intriguen meines früheren Agenten, dessen
Zeitung ich aufgegeben hatte, um diese Engagements
gebracht worden wäre." Damit stand er auf und
verlor sich in den Hintergrund des Saales zu einigen
Kartenspielern.

„Wie hat Ihnen die Komödie heute gefallen?"
redete mich darauf ein langer, hagerer Jüngling an.
Ich erkannte sofort den Uriel Acosta in ihm.

„Nicht besonders", antwortete ich . . .

„Das glaube ich Ihnen", sprach er im Helden=
tenor und rückte seinen Stuhl vertraulich neben den
meinigen. „Wie kann auch ein solcher Feldwebel den
Uriel aufführen lassen und die Regie führen wollen."

„Feldwebel?" frug ich überrascht zurück und sah den Künstler an.

„Nun ja, ich meine unsern dramatischen Feld= webel, unsern Alten . . ." und er deutete auf den mir bekannten Director der Gesellschaft, der mit eini= gen seiner Mitglieder Karte spielte. „Der Kerl kann eine Compagnie Soldaten in Ordnung halten, aber soll um Gotteswillen nur keine Komödie spielen wollen. War sein Silva nicht scheußlich? O, Herr, es ist eine Qual für einen Künstler, mit solchen Menschen, wie der dort", er zeigte auf Ben=Jochai, den gebornen Intriguanten, „Menschen, die nicht einmal denken können, Komödie spielen zu müssen . . . Gott sei Dank, in vier Wochen ist der Schwindel zu Ende . . ."

Ich frug ihn, ob er schon ein neues Engagement habe . . .

„O, in Hülle und Fülle, nach Leipzig, Berlin, Braunschweig . . . Aber ich habe noch nicht gewählt. Sie lächeln, mein alter Freund, und doch ist Alles, was ich Ihnen sage, buchstäblich wahr . . ."

Ueber die Künstlerinnen und deren Schicksale will ich nichts weiter erwähnen. Im Ganzen waren sie in ihrer Selbstschätzung bescheidener, als ihre männ= lichen Collegen und nur die erste tragische Liebhaberin versicherte mir, daß sie heute in Berlin am könig= lichen Hoftheater engagirt sein würde, wenn sie nicht in Ulm ihre Garderobe hätte versetzen müssen. So füttern sich diese armen Menschen von Jahr zu Jahr mit Hoffnungen und Täuschungen, bis sie eines Tages, alt und grau geworden, froh sind, irgend ein Plätzchen gefunden zu haben, wo sie den Rest ihrer Tage verleben und ruhig sterben können ... — — —

Ruhig sterben! Alle Wege führen nach Rom, sagt das Sprichwort und so bin ich denn auch von der Schilderung dieses unruhigen, unstäten Komödiantenvölkchens bis zum Sterben gekommen. So ist's aber bei jedem Menschenleben, so bewegt, so unruhig, so wechselnd in Freud und Leid es auch sein mag, so verschieden von dem Anderen, am Ende Aller steht dieselbe unabwendbare Nothwendigkeit: der Tod. Haben Sie schon aufmerksam Todte betrachtet? Wie verschieden die Züge eines Sterbenden von denen eines Todten sind! In dem Antlitz Sterbender zeigt sich in jenen letzten Augenblicken vor dem Erlöschen des körperlichen Lebens die ganze Unruhe und Verwirrung, welche die Seele erfaßt hat, die den lang innegehabten Wohnsitz des Leibes verlassen soll. Es ist noch etwas Anderes, als Das, was die Aerzte das hippokratische Gesicht nennen. In diesen letzten Augenblicken, die unmittelbar dem vorangehen, was wir den Tod nennen, ist das Irdische, Körperliche im Menschen sammt der noch vorhandenen niederen Lebenskraft sich selbst überlassen, nicht beherrscht von dem Geiste, der sich gleichsam zur Abreise anschickt und in diesem Augenblick

nicht mehr seine bestimmende Herrschaft über die leib=
lichen Organe ausübt . . . Auseinandergefallen er=
scheinen die Züge, verschwunden die Einheit des Aus=
drucks . . . Schon erblicken wir die Kraft der
Zerstörung, das Uebergewicht der unorganischen Ele=
mente, die, sich selbst überlassen, auseinander streben,
aus dem einheitlichen Gebilde zurück in die tellurische
Allgemeinheit. Wie ganz anders dagegen erscheint
das Antlitz eines Todten. Mag das Gesicht des
Todten nun jenen lächelnden, friedlichen Ausdruck
tragen, der uns an dem sanften Schlummer eines
guten Menschen erinnert oder jene ernste, hoheitsvolle
Ruhe, die man die Majestät des Todes nennt, der
gegenüber wir so tief die Vergänglichkeit und Nichtig=
keit der irdischen Dinge empfinden, oder jenen schmerz=
lichen Ausdruck, der uns sagt, wie schwer dieser Seele
der Kampf des Lebens geworden, immer und immer
ist es ein einheitliches, durchgeistigtes Seelenbild, das
wir in dem Gesicht des Todten erblicken . . . Nichts
von jener Verworrenheit, von jenem Auseinanderfallen
der Züge, das wir während des Todeskampfes
beobachtet haben . . . Wie nun, wenn die Seele
oder der Geist, nennen Sie es wie Sie wollen, ge=
bunden an den Stoff, Eins mit dem Stoff ist, wenn
seine Aeußerungen nichts sind, als die Ausstrahlungen
der Gehirnfasern oder wie sonst die Geist=Leugner es
nennen — wie nun ist es möglich, daß das Antlitz
des Todten ein solches Seelenbild uns zeigen könnte,

von solcher Einheit des Ausdrucks, von so ganz in=
dividueller Ausprägung? Zerrissen, verworren, ohne
alle Einheit müßte das Antlitz des Todten sein, wenn
der Geist zugleich mit dem Ende der körperlichen
Organe, mit ihrem Stillstand, mit ihrem Tode sein
Dasein beschließe, wenn er nichts Anderes wäre, als
Das, was die Kraft= und Stoffmenschen aus ihm
machen wollen . . .

Ach, Phantasien, lächelt der Materialist. Das,
was Sie die Einheit des geistigen Ausdrucks, das
individuelle Seelenbild nennen, das Ihnen in dem
Gesicht eines Todten entgegentritt, dieser Reflex der
letzten Geistesstimmung, der sich in den erstarrten
Zügen wiederspiegelt, ist Nichts, als die Folge eines
langjährigen Muskelspiels. Wer im Leben immer
freundlich war, dessen Antlitz wird auch im Tode
lächeln und wer ein Griesgram, der wird finster
blicken . . . Aber Das ist eben das Merkwürdige,
daß Menschen, deren ganzes Dasein mühselig und
beladen, deren Züge im Leben von Schmerz und
Kummer verdüstert waren, trotz der Schrecken und
der Erschütterung des Todeskampfes ein freundlich=
lächelndes Todtenantlitz uns zeigen, gleichsam als
freue sich die Seele aus einem Dasein von Noth
und Elend nun in eine schönere, lichtere, glücklichere
Existenz überzugehen. — — — —

Und diese Wahrnehmung hat mich in dem Glauben
bestärkt, daß der Geist dem Körper noch nicht in dem

Augenblick entflieht, in welchem der Athemzug die
Brust des Sterbenden hebt. Zwischen dem Augenblick
des physischen Todes, dem letzten Athemzug und der
Trennung des Geistes von seiner irdischen Hülle, seiner bisherigen Wohnung, liegen einige Spannen Zeit.

Ich weiß, mein verehrter, alter Freund, Sie haben
nicht für derartige Betrachtungen und Untersuchungen
jenen nichtigen Spott, der sich heut zu Tage den
letzten Dingen gegenüber so häufig zeigt. Je platter
und nüchterner heute ein Mensch die Erscheinungen
des Daseins auffaßt, je verneinender er sich ver-
hält, desto gebildeter, desto weiser, desto erhabener dünkt
er sich.

Man leugnet Gott, den Schöpfer aller Dinge, als
höchsten, selbstbewußten Geist und wirft den Glauben
an einen persönlichen Gott als Aberglauben in die
Rumpelkammer — weil er gegen die Vernunft streite
und setzt dafür eine blinde, unbewußt arbeitende
Naturkraft an seine Stelle.

Man läugnet nicht die großartige Harmonie des
Weltalls, die Regelmäßigkeit der Erscheinungen, die
wunderbare Ordnung in dem Haushalt der Natur —
weil man das Alles sieht. Aber man hält es für
lächerlich zu glauben, daß diese Welt dem Willen
eines Schöpfers, eines höchsten Wesens entsprang und
hält es für viel natürlicher und weiser, anzunehmen,
daß die blinde, nach den Gesetzen einer dunklen Noth-

wendigkeit arbeitende Naturkraft das Alles hervor=
gebracht habe.

Um das Wunder Gottes aus der Welt zu schaffen,
setzt man ein noch viel erstaunlicheres Wunder an
seine Stelle: die Blindheit und den Zufall verbunden
mit dem Walten einer dunklen Kraft, deren Wesen
Keiner zu erklären im Stande ist.

Lehnt sich aber Jemand gegen derartige Zu=
muthungen auf, wagt er es noch an Gott, an einen
individuellen, unsterblichen Geist und dessen Fortdauer
zu glauben, dann schreien die Pfaffen des Materialismus,
die ebenso unduldsam sind, wie die Pfaffen des recht=
gläubigen Kirchenthums das „Kreuzigt ihn", über den
Frevler gegen die freie Forschung.

Das schöne Wort des großen Friedrich, daß jeder
nach seiner eignen Façon selig werden soll, vergessen
die Einen, wie die Andern.

Nichts ist mir aber widerlicher, als jener ober=
flächliche Materialismus, der das Kennzeichen so vieler
flacher Naturen ist.

Beruht die materialistische Ueberzeugung auf dem
Grund eignen Forschens und Nachdenkens, ist sie das
Resultat eigner Geistesarbeit, dann ehre und achte ich
sie, wie jede andere ehrliche Ueberzeugung ...

Aber der große Haufe dieser Kraft und Stoff=
anbeter tanzt um dieses neue goldene Kalb, weil es
ihm die bequemste Lehre ist, bei der er sein Hirn
nicht anzustrengen und über das Wesen der Dinge

nicht viel nachzudenken braucht. Er schwört auf die
Worte des Meisters, ohne selbst zu prüfen und er,
der nichts als Spott für den Autoritäts=Gläubigen
hat, ist der willenloseste Sclave der Autorität. Von
ihm kann man sagen:

> Der Knechtschaft Formen ändern sich,
> Die Knechtschaft selbst bleibt ewiglich . . .

Nur wer selbst geprüft, wer selbst über den Ur=
grund aller Dinge und das Wesen der Erscheinungen
nachgeforscht hat, der kann sagen, daß er kein Sclave
der Autorität ist.

Zu welchen Inconsequenzen eine so gedankenlose
Nachbeterei führt, ist mir recht klar geworden, wenn
ich solche entschiedene Materialisten über Tyrannen
und Despoten, Völker= und Nationen=Geißeln sprechen
hörte.

Caligula, Nero, Philipp II., die Borgias, die kleinen
deutschen Tyrannen des achtzehnten Jahrhunderts, die
ihre Landeskinder als brave Landesväter an fremde
Mächte verkauften und das Geld dafür verprasten —
was können sie dafür, wenn ihr Gehirn so unglücklich
organisirt war, daß es sie zu Schändlichkeiten aller
Art trieb?

Wenn Geist und Wille so abhängig von unserem
Blut, unsern Nerven, unsern Gehirnwindungen und
der Masse und Beschaffenheit des phosphorsauren Hirn=
settes sind, wie der Materialismus es behauptet,
welche Verantwortlichkeit trifft dann noch den ge=

frönten Mörder, der die Freiheit, das Recht des Volkes im Blut erstickt und sich bis ans Ende seiner Tage in Wollust badet?

Welche Strafe? Gewissensbisse? Furchtbare Träume, in denen ihm das rothe Blutmeer bis an den Mund steigt und er zu ersticken fürchtet?

Bah! Seine Nerven sind kräftig organisirt. Er träumt gar nicht oder nur Angenehmes. In die Rumpelkammer mit albernen Auswüchsen überspannter Poeten, die von angsterfüllten, entsetzlichen Tyrannennächten fabelten!

Wie läßt doch Shakespeare Richard den Dritten aus seinen Träumen auffahren?

„Ein andres Pferd! verbindet meine Wunden!
Erbarmen Jesus! — Still, ich träumte nur.
O feig Gewissen, wie Du mich bedrängst!
Das Licht brennt blau. S'ist todte Mitternacht.
Mein schauderndes Gebein deckt kalter Schweiß.
Was fürcht ich denn? mich selbst? Sonst ist Niemand hier.
Richard liebt Richard: Das heißt Ich bin Ich.
Ist hier ein Mörder? Nein. — Ja, ich bin hier.
So flieh . . . Wie vor Dir selbst? Mit gutem Grund.
Ich möchte rächen. Wie mich an mir selbst?
Ich lieb ja mich selbst. Wofür? für Gutes,
Das ja ich selbst hätt' an mir selbst gethan?
O leider, nein! Vielmehr haff' ich mich selbst
Verhaßter Thaten halb, durch mich verübt.
Ich bin ein Schurke, — doch ich lüg', ich bins nicht.
Thor rede gut von Dir! Thor, schmeichle nicht!
Hat mein Gewissen doch viel tausend Zungen,

Und jede Zunge bringt verschiedenes Zeugniß,
Und jedes Zeugniß straft mich einen Schurken.
Meineid, Meineid, im allerhöchstem Grad,
Jedwede Sünd', in jedem Grad geübt,
Stürmt an die Schranken, rufend Schuldig, schuldig!
Ich muß verzweifeln. — Kein Geschöpfe liebt mich,
Und sterb' ich, wird sich keine Seele erbarmen.
Ja, warum sollten's andere? Find ich selbst
In mir doch kein Erbarmen mit mir selbst.
Mir schiens, die Seelen all, die ich ermordet,
Kämen ins Zelt, und ihrer jede drohte
Mit Rache morgen auf das Haupt des Richard."

Ein wenig anders organisirte Nerven und Hirn=
fasern und König Richard würde so süß geschlafen
und so schön geträumt haben, wie sein Gegner, der
flache Richmond ...

Tugend, Seelengröße, Freiheitssinn!

Welches Verdienst hat ein Washington, der so
standhaft den Verlockungen des Ehrgeizes widerstand?
Gar keins!

Nur um ein Bißchen Dressur mehr oder weniger
kann es sich hier handeln — die Freiheit des Willens
und damit die sittliche Bedeutung einer That existiren
nicht mehr nach den Consequenzen dieses Systems,
das übrigens nicht neu ist, sondern schon zu König
Salomo's Zeit Anhänger zählte ... — — —

Glauben Sie, mein väterlicher Freund, an die

Auferstehung der Todten? Mir ist das Wunder be= gegnet und hat mein ganzes Wesen in eine Aufregung versetzt, die ich längst zu überwunden haben glaubte.

Sie wissen, wie ich meine erste Liebe begraben habe, begraben unter jener Tanne des Friedhofs, un= ter deren Zweigen Sie so manchmal mit mir gestan= den haben. Sie wissen, wie ich Ihnen eines Tages an diesem Hügel sagte: Hier ruht Clotilde Weber. Sie sahen mich bestürzt an, wie einen Wahnsinnigen, erwiderten aber kein Wort.

Selten ist wohl ein Mensch in einer solchen Ge= müthsstimmung gewesen wie ich in jener Zeit. Es war keine Hallucination, keine Sinnestäuschung, es war etwas Anderes, ein mir selbst unerklärliches Gefühl.

Ich wollte, ich konnte nicht glauben, daß die Clotilde, die ich geliebt, das Weib eines Andern, das Weib jenes Barons von Portheim werden könnte, dessen ganzes Gold nicht hinreichte, seine befleckte, niedrige Seele zu verhüllen . . .

Mein Kopf und mein Herz bäumten sich dagegen auf, mein Stolz knirschte bei dem bloßen Gedanken daran und meine Liebe zitterte, sie zitterte, wenn sie sich Clotilde durch diese Ehe entehrt, entweiht dachte, in demselben Pfuhl der Niedrigkeit und Gemeinheit herabgezogen, in welchem dieser Portheim mit so viel thierischem Behagen herumschwamm. Und da geschah

Das, was Ihnen als die Ausgeburt eines über=
spannten Gehirns vielleicht erschien.

Es prägte sich meinem Geiste die fixe Idee ein,
daß Clotilde mir gestorben sei und ich sie dort an
dem Fuße der Tanne an dem Novembermorgen, an
welchem wir Adelen's Mutter zur Ruhe trugen, be=
graben habe.

Giebt es ein Ahnungsvermögen, das uns die Nähe
von Personen verräth, mit denen wir einst in innigen
Beziehungen standen? Ich habe noch nicht ernsthaft
genug über die Sache nachgedacht, obwohl ich gerade
sonderbare Erfahrungen in dieser Richtung gemacht
habe . . .

Aber vor einigen Tagen tauchte plötzlich, ich war
allein und es war Abend, die Erinnerung an Clotilde
wieder in mir auf — und kurz darauf finde ich sie
wirklich, entdecke in ihr die unbekannte Freundin mei=
nes Clärchen's, von welcher mir die Kleine seit einer
Woche unaufhörlich vorgeplaudert hatte . . .

Aber ach, lieber Freund, wenn sie auch mir ge=
storben war, Clotilde war nicht todt, sie hat gelebt
und diesem Leben ihren Tribut gezahlt. Sie muß
sehr unglücklich in dieser Ehe gewesen sein.

Im ersten Augenblick empfand ich ein Aufsteigen
jener Bitterkeit, die mich übermannte, als das unselige
Mißverständniß mit dem Diadem uns trennte; wie ich
aber ihre umflorten Augen, den Stempel des Schmer=
zes erblickte, welchen die verflossenen sechs Jahre auf

ihre Stirn gedrückt haben, da schwand dies Gefühl und Empfindungen, die ich längst abgestorben glaubte, wurden wieder lebendig.

Ich mache in diesem Augenblick eine Erfahrung an mir, von der ich nicht weiß, ob ich sie für ein Glück oder Unglück betrachten soll. Ich altere, aber das Herz hält nicht gleichen Schritt, es bleibt jung und noch empfänglich für die Leidenschaften der Jugend.

Ich weiß jetzt, warum mich in letzter Zeit die politischen und socialen Kämpfe so ermüdeten und doch so unbefriedigt ließen, daß ich froh war, als ich fort aus der Hauptstadt mit meinem Kinde allein in grünen, wälderreichen Thüringen war. Mir fehlte nach diesen aufreibenden Kämpfen das sanfte Lächeln Adele's, ihre weiche Hand, die sich beruhigend auf meine heiße Stirn legte und das aufgeregte Gemüth in seine Harmonie zurückbrachte.

Clärchen allein erquickte mich. Aber das Kind konnte die Atmosphäre der Stadt nicht länger ertragen; ihre Nerven verlangten eine reinere, frischere, mildere Luft.

Ich flüchtete mit ihr hierher, wo ich nun sie, Clotilde, traf. Clärchen liebt die Baronin leidenschaftlich. Sie nennt sie nur ihre Mama Clotilde und war ganz unglücklich, als Mama Clotilde heute Vormittag nicht mit in unsere Wohnung kommen wollte. Morgen soll ich sie wiedersehen.

Es liegen mir so viele Fragen auf dem Herzen und ich gestehe Ihnen, daß ich ungeduldig der Stunde entgegensehe, wo ich ihr wieder begegne. Wie ich zufällig heute von meiner Wirthin hörte, soll auch der Baron anwesend sein. Der Mensch war mir von jeher verächtlich . . . Ich möchte nicht mit ihm zusammentreffen . . .“

Der Morgen, von welchem Victor in dem Brief an seinen alten väterlichen Freund gesprochen, kam. Genau um dieselbe Stunde, an derselben Stelle, wo sie sich gestern getroffen, begegneten sich Victor und Clotilde auch heute.

Clärchen war auch wieder zugegen. „Aber heute kommst Du mit, Mama Clotilde“, rief sie, „meine Puppenstube ist aufgeräumt und die Anna und Bertha haben ihre neuen seidenen Kleider an . . .“ Dann warf sie sich mit Belly in das warme, duftende Gras der sonnigen Halde und trieb allerlei Muth-willen . . .

Clotilde saß auf der Ruhebank, während Victor an dem Stamme einer Birke lehnte, die mit ihren Zweigen das Plätzchen beschattete.

Die erste Frage, die er an sie richtete, war nach dem Baron, ob es wahr, daß er anwesend sei.

„Ja“, sagte sie leise und das Gesicht zur Erde senkend, „und auch mein Vetter Johannes.“

„Der Pfarrvicar?“ frug Linden und eine Wolke verdüsterte seine Stirne.

„Er iſt jetzt Miſſionsvorſteher", antwortete Clo= tilde, „und er kam auf meine Bitte . . ."

„Sie ließen ihn kommen . . . Sie, Clotilde . . . Frau Baronin?" verbeſſerte ſich Linden raſch, „Sie, dieſen frommen Schleicher, dieſen Menſchen, der die Liebe auf den Lippen und den Haß im Herzen trägt . . ."

Die junge Frau erhob mit einer flehenden Geberde die Hände gegen den Mann ihrer erſten Liebe. Thrä= nen ſchimmerten in ihren Augen, Scham und Traurig= keit lagen auf ihren Zügen.

„O, wenn Sie wüßten, was ich gelitten habe, wie unglücklich, wie namenlos elend ich mich fühlte . . . Ich hoffte Troſt in der Religion zu finden."

„Und warum fühlten Sie ſich ſo unglücklich und verlaſſen?" frug Victor zurück und eine gewiſſe Bitter= keit, die er überwunden glaubte, ſtieg wieder in ihm auf, „weil Sie an einen Mann gefeſſelt waren, der Sie nicht verſtand, der Ihre Ideale zertrat und Ihnen dafür Götzenbilder bot, die er aus Staub geformt, aus dem Staube, in welchem er ſich ſo wohl fühlt, in dieſem niedrigen, gemeinen Erdenſtaube, der mit Seelengift geſchwängert iſt, der aber die Lebensluft dieſer Menſchen erfüllt, die ohne ihm nicht leben können . . ."

Der Vorwurf, der in dieſen Worten lag, rief Clotilden's Stolz wach.

„Und wer, wer", sagte sie und ihre Augen richteten
sich fest auf Victor, „wer war es, der mich diesem
Manne überlieferte. Tragen Sie nicht die Schuld,
daß ich mit der Verzweiflung im Herzen zum Trau=
altar trat . . . Jenes Diadem . . ."

Eine Geberde Victor's unterbrach sie . . .

„Glauben Sie noch immer an die armselige Lüge,
daß ich . . . damals einen Verrath an Ihnen be=
gangen . . .?" Er frug es wieder ruhiger, im Tone
schmerzlicher Ueberraschung.

„Verrath? . . ." wiederholte Clotilde . . . „das
Wort klingt häßlich und ich habe längst schon milder
über jene Dinge geurtheilt . . . aber, da Sie es selbst
ausgesprochen das Wort: ja damals erschien mir Ihre
Handlungsweise als ein Verrath an der Liebe und
Treue — und der Schmerz darüber trieb mich zu
dem Schritte, der das Unglück meines Lebens werden
sollte . . ."

„So kennen Sie nicht den inneren Zusammenhang
jener Begebenheiten?" frug Victor, „freilich . . . wer
hätte Ihnen diesen auch erklären sollen? Wir haben
Beide geirrt. Ihr Zweifel an mir rief meinen Stolz
wach, der es mir verbot, Aufklärungen zu geben . . .
und die Einflüsterungen jener beiden Männer, die
jetzt das Haus da unten mit Ihnen bewohnen", und
er deutete auf die im Sonnenschein glänzende Villa,
die mit ihrem weißen Anstrich und grünen Jalousien

freundlich heraufleuchtete, „diese perfiden Einflüsterun=
gen vollendeten das Werk . . ."

Und nun erzählte er ihr die Geschichte mit dem
Diadem, getreu, wie sie sich zugetragen hatte . . .

Clotilde hatte stumm und regungslos, das Haupt
zur Erde gesenkt, zugehört. Als er geendet, erhob
sie langsam das Gesicht, es war in Thränen gebadet . . .

„O, Gott . . ." sagte sie leise mit gebrochener
Stimme und schlug die Hände vor die Augen . . .

Victor war schmerzlich aufgeregt . . . diese Thränen
sagten ihm mehr als tausend Worte, was Clotilde
gelitten . . .

Da kam Clärchen mit einer handvoll Feldblumen
in vollem Lauf zurück.

„Hier, Mama Clotilde . . . bringe ich Dir schöne
Blumen . . .", rief sie schon von Weitem.

„Ach, Du weinst, Mama Clotilde . . . Papa,
warum weint Mama Clotilde?" frug sie ängstlich
und die Thränen traten dem Kinde in die Augen,
„nicht weinen, Mama Clotilde . . ." Die junge
Frau brach in ein heftiges Schluchzen aus und schloß
das Kind in ihre Arme, es mit Küssen und Thränen,
die ihr Gesicht überströmten, bedeckend . . .

Ein Rascheln in den Büschen, die den Poetensitz
nach der Rückseite zu einschlossen, wurde hörbar und
gleich darauf trat ein Mann in eleganter Morgen=
kleidung aus dem Unterholz. Es war der Baron
Portheim.

Die mit hellfarbigem Glacehandschuh bedeckte Hand hob grüßend den feinen, schwarzen pariser Filzhut in die Höhe, während eine höhnische Grimasse über seine verlebten Züge flog.

„Ah, Voila", sagte er in demselben näselnden Tone, den Victor vor Jahren schon bei ihm gehört, „das ist eine köstliche Rührscene, ganz wie bei dem seligen August Lafontaine oder der Frau Charlotte Birch-Pfeiffer . . . Sapristi, ich hätte nicht gedacht, hier alte Bekannte zu treffen . . . Ich habe die Ehre, Herr Linden", — und er verbeugte sich spöttisch — „Sie zu grüßen. Ein Rendezvous mit der Frau Baronin . . . Ha, ha, ganz charmant . . . ich glaube, Sie werden es nicht unhöflich finden, wenn ich Sie auch um ein Rendezvous bitte . . ."

„Ich stehe zu Diensten . . .", antwortete Linden, den diese Begegnung nicht so unangenehm war, als man hätte annehmen sollen, „ich stehe zu Diensten, Herr von Portheim . . . wir haben ohnedies eine alte Rechnung auszugleichen . . ."

Der Baron nickte ironisch . . .

„Mein Herr . . . ich habe die Ehre, mich Ihnen zu empfehlen . . . Frau Baronin, Ihr unterthänig-ster Diener . . ." Er verschwand wieder im Walde.

Clotilde hatte ihn weder eines Blicks, noch eines Wortes gewürdigt . . . Den Kopf auf Clärchen's Schulter war sie eine stumme Theilnehmerin dieses Auftritts gewesen . . .

„Sie wollen sich mit diesem . . . Manne“, sie deutete nach der Richtung, nach welcher der Baron sich entfernt hatte, „schlagen? Sie wollem einem Vorurtheil Ihr Leben zum Opfer bringen? . . .“

Linden zuckte mit den Achseln.

„Wir sind mehr oder weniger von Vorurtheilen abhängig“, antwortete er „und nach dem, was zwischen mir und ihm vorgefallen ist, sehe ich keinen andern Ausweg . . .“

„Als Blut zu vergießen“, unterbrach ihn Clotilde, aufstehend und das Kind, das von diesem Gespräch nichts verstand und ernsthaft bald seinen Papa, bald Mama Clotilde betrachtete, fest an sich drückend, „keinen andern Ausweg, als zu tödten oder sich tödten zu lassen. O, es ist doch wahr, daß in der Natur der Männer ein wilder, rücksichtsloser Egoismus liegt.“

„Sie urtheilen zu hart“, antwortete Linden, „es giebt Gesetze der Ehre, denen man sich nicht als Einzelner entziehen kann. Soll ich in den Augen dieses Mannes als ein Feigling gelten?“

Ein Blitz sprühte aus Clotilden’s großen Augen.

„Ein Feigling?“ wiederholte sie, „in den Augen des Barons von Portheim? Ich glaube, der Baron Portheim weiß es, daß Sie den Muth besitzen, sich einem Degen oder einer Pistole gegenüber zu stellen, Sie haben Proben davon gegeben.“ Ein helles Roth färbte bei der Erinnerung an jenes Duell, in welchem

Linden für Clotilde eingetreten, die Wangen der jungen Frau, die in ihrer leidenschaftlichen Erregung fortfuhr:

„Und nicht nur Ihr eignes Leben wollen Sie dem Moloch einer falschen Ehre opfern, sondern auch das Leben Ihres Kindes, das so innig mit dem Ihrigen verknüpft ist, dessen zarter Faden reißen würde, wenn Sie in diesem Zweikampf fallen würden . . .“

„Clotilde . . .“, rief Linden mit bebender Stimme. Diese Erinnerung an sein Kind hatte ihn ins Herz getroffen . . . „Sie martern mich . . .“

Die junge Frau drückte die Hand gegen ihre brennende Stirn.

„Ach, ich martere Sie“, fuhr sie mit jener Zähigkeit und unerbittlichen, instinctiven Logik fort, die den Frauen eigen ist, wenn sie einmal von einer Idee erfaßt werden, die dann ihr ganzes Denken in Anspruch nimmt, die Besitz von ihrem ganzen geistigen Wesen ergreift, „ich martere Sie und Sie vergessen, daß Sie zwei Herzen foltern und daß Sie ein Leben zu tödten im Begriff sind, das Leben Ihres Kindes . . .“

Sie hielt inne, überwältigt von innerer Erregung, mit hochklopfendem Herzen, die Wangen geröthet, die Augen glänzend . . .

Sie schien eine Antwort Linden's zu erwarten.

Als dieser stumm blieb, bewegt von den wider=
strebendsten Empfindungen, fuhr sie fort:

„Derselbe falsche Stolz, der Sie vor Jahren
schweigen ließ, der Ihnen nicht erlaubte, Mißverständ=
nisse aufzuklären, leitet auch jetzt Sie wieder . . .

O, Sie sind grausam, höchst grausam!" Die
Kraft verließ sie, sie drückte die Hand gegen das
Gesicht und brach in Thränen aus. Auch Clärchen
begann zu weinen, während Linden stumm, den Blick
finster zu Boden geschlagen, vor ihr stand.

Es ist wirklich eine Thatsache, daß jener moralische
Muth, der einem Vorurtheil Widerstand leistet, selt=
ner gefunden wird, als der physische, welcher sich
ruhig einem Degen oder einer Pistole gegenüber stellt.

Und wenn Victor auch auf seiner politischen Lauf=
bahn hinlängliche Beispiele moralischen Muthes ge=
geben hatte, wenn er dem Zorn der Mächtigen ge=
trotzt hatte, wenn er zu den unerschrockensten Ver=
theidigern der Volksfreiheit gehörte und im Kampfe
für diese vor keinem Hinderniß zurückgebebt war, so
lag in diesem Falle die Sache anders.

Schon der bloße Gedanke daran, für feig gehalten
zu werden, trieb ihm das Blut nach den Wangen . . .

Außerdem brannte im Hintergrund seines Herzens
ein Feuer des Hasses gegen den Baron von Port=
heim, er fühlte das Verlangen in sich, an diesem
Manne Das zu rächen, was er an Adele und Clotilde
verbrochen hatte . . .

Dagegen aber der Gedanke an sein Kind, an sein Clärchen. Wenn ein unglücklicher Zufall ihn fallen ließ, so war die Kleine eine Waise, stand allein in der großen, weiten Welt.

Die Hand gegen die Stirne gepreßt, ging er mit raschen Schritten einige Minuten auf und nieder.

Clotilde war indessen wieder ruhiger geworden, sie trocknete ihre Thränen und suchte Clärchen zu beruhigen ... Sie sah, wie Victor litt, wie der Kampf, der in seinem Innern tobte, ihn erschütterte ...

Sie ließ das Kind sanft vom Arme auf den Boden gleiten und berührte leise Linden's Schulter ...

„Victor“, begann sie ... Es war das erste Mal, daß sie ihn wieder bei seinem Vornamen nannte, „Victor“, sagte sie in leisem aber bestimmten Tone: „wollen Sie mir ein Versprechen geben?“

Er sah sie mit einem zweifelnden Blicke an.

„Ich verlange nicht viel ... Ich will nur, daß Sie mir versprechen, sich bis morgen um diese Stunde nicht mit dem Baron Portheim zu schlagen, wollen Sie das?“ Sie streckte ihm bittend ihre kleine, weiße, zitternde Hand entgegen ...

Er besann sich einen Moment. Dann legte er seine Rechte in die ihrige und antwortete:

„Gut denn. Bis morgen ...“ Man sah es ihm an, daß er etwas erleichtert aufathmete, der Gedanken an Clärchen hatte den sonst so muthigen Mann das Herz zusammengeschnürt.

„Leben Sie wohl … einen Kuß, mein Kind … wir sehen uns bald wieder …"

Sie eilte den Pfad hinab, während er mit dem Kinde langsam hinunter zu seinem Hause stieg. —

Der Baron von Portheim stand in sehr verdrieß= licher Laune vor dem großen, ovalen in Goldrahmen gefaßten Wandspiegel seines Zimmers in der Villa. Er war damit beschäftigt, sich einen Streifen englischen Heftpflasters auf die Wange zu kleben …

Die Hautwunde war die einzige Folge seines Abenteuers mit dem hübschen barfüßigen Bauern= mädchen im rothen Friesrock gewesen.

„Verdammte kleine, wilde Katze", sprach er für sich, „hätte mir beinahe die Augen ausgekratzt, wenn ich nicht bei Zeiten retournirt wäre!"

Da klopft es leise an die Thüre.

„Entrez!", rief er. Sein Diener trat ein.

„Die gnädige Frau wünschen den Herrn Baron zu sprechen."

„Es ist gut, Louis. Gieß mir einen Tropfen Eau de Cologne auf mein Taschentuch."

Das Zimmer seiner Frau lag parterre, neben dem Salon, während er und Johannes im ersten Stock= werk wohnte.

Die Einladung kam ihm etwas überraschend. Was konnte seine Frau nach der Scene von heute Morgen mit ihm zu verhandeln haben? Höchstens eine Auseinandersetzung, die für ihn unangenehm sein mußte.

So leichtfertig und sittenlos er war, so sehr er Alles zu ironisiren suchte, im Grunde seines Herzens fühlte er eine gewisse Scheu vor seiner Frau.

Er versuchte zuweilen diese unbehagliche Empfindung wegzuwitzeln, aber sie kehrte immer wieder. Die entsagungsvolle Tugend Clotilden's übte immer und immer wieder ihren Einfluß auf ihn aus. So befleckt seine Vergangenheit, so rein war die ihrige, kein Hauch trübte ihren Ruf, ja, ihr Leben verfloß so still und einfach, daß man in den Kreisen der Gesellschaft, denen der Baron seiner socialen Stellung nach angehörte, fast nie von der Baronin Portheim sprach. Ein bekanntes Sprüchwort aber sagt, daß die Frau die Beste sei, von der am Wenigsten gesprochen wird.

Die unbehagliche Stimmung, in welcher er sich befand, wurde noch vermehrt durch die Erinnerung an die Begegnung, die er vor einigen Stunden mit Linden und seiner Frau gehabt.

Seine Sucht zu spötteln und mit dem Worte zu spielen, hatte ihn vielmehr zu jener Herausforderung hingerissen, als die wirkliche Absicht, sich mit Linden zu schlagen.

Er hing doch noch am Leben, so sehr er auch
seine Genüsse erschöpft hatte und er hätte viel darum
gegeben, wenn er die Sache hätte rückgängig machen
können . . . :

Wofür sollte er sich denn schlagen? War seine
Ehre verletzt durch diese Zusammenkunft Clotilden's
und Victor's?

Er kannte Clotilde zu gut, um zu wissen, daß
dies nicht der Fall — und überdies, wollte er sich
nicht von seiner Frau scheiden lassen? . . .

Das Alles ging ihm durch den Kopf, als er die
Treppe hinabstieg, die hinunter zu den Zimmern seiner
Frau führte und sehnsüchtig wünschte er Johannes
Rückkehr, dessen scharfer Geist gewiß einen Ausweg
aus dieser Verwicklung ersann . . .

„Eine verwünschte Affaire", murmelte er vor sich
hin, „wenn ich doch schon wieder fort wäre aus dem
Neste . . . Aber gespannt bin ich doch, was Madame
la baronnesse zu dieser Unterredung veranlaßt."

Er ging durchs Vorzimmer und pochte leise an
die Thüre des Cabinets.

Das Mädchen der Baronin öffnete und entfernte
sich dann.

Clotilde saß am Fenster. Sie antwortete auf den
Gruß des Barons mit einem leichten Neigen des
Hauptes und deutete mit der Hand auf einen gegen=
überstehenden Sessel. Der Baron nahm Platz und
warf einen raschen, forschenden Blick auf seine Frau,

deren Augen von ihm abgewandt auf der Landschaft ruhten ...

Sie sah sehr angegriffen und blaß aus ... Aber es lag etwas in ihren Zügen, was ihn beunruhigte ...

Er lockerte sich mit der Linken die Cravatte.

„Du hast mich zu sprechen gewünscht ...“, begann er, und wie so manche Menschen von zweifelhaftem Muthe suchte er sich selbst in eine gewisse Leidenschaft hineinzureden, „obwohl ich nach dem Vorfall von diesem Morgen nicht begreife, was wir noch mit= einander zu verhandeln hätten ... Eine Frau, die sich so weit vergißt ihrem früheren Liebhaber ein Stelldichein zu geben ...“

Er konnte den Satz nicht vollenden.

Mit einer lebhaften Geberde kehrte ihm Clotilde das Gesicht zu.

„Keine Komödie“, sagte sie ernst und mit einem verächtlichen Anflug im Tone der Stimme, „und keine unnöthigen Beleidigungen. Oder glaubst Du etwa das Recht zu haben eifersüchtig zu sein?“

Trotz seiner Dreistigkeit vermochte er ihren Blick nicht auszuhalten und wandte verlegen die Augen ab.

„Aber darum handelt es sich auch nicht“, fuhr die junge Frau fort, „sondern um die Herausfor= derung, die Du heute morgen an Herrn Linden ge= richtet hast ...“

„Ah!“ stieß der Baron hervor, „das ist es ... Du bist besorgt um das Leben Deines ehemaligen

11*

Bräutigams . . . oder hat Herr Linden Deine Ver=
mittlung vielleicht in Anspruch genommen.“

Clotilde zuckte verächtlich die Achseln.

„Du weißt wohl, daß Linden nicht zu den
Männern gehört, die sich fürchten . . . und es sind
ganz andere Gründe, die mich bestimmen dieses Duell
zu verhindern . . .“

Der Baron ließ die Gelegenheit sich nicht ent=
schlüpfen den Eisenfresser zu spielen. Sie kam ihm
selten und er coquettirte gern mit einem Muth, den
er in Wahrheit nicht besaß.

Er erhob sich von dem Sessel und frug in nach=
lässiger Manier.

„Weiter hattest Du mir Nichts zu sagen? Dann
bedauere ich sehr die vergebliche Mühe. Meine Ehre
verbietet es mir zurückzutreten.“ Er grüßte leicht
und machte eine Bewegung nach der Thüre.

Eine Geberde Clotildens hielt ihn zurück. Sie
hatte sich in ihrer inneren Aufregung, die sie nur
mühsam durch eine erkünstelte äußere Kälte verbarg,
durch die nachlässige Manier, mit welcher der Baron
von dem bevorstehenden Zweikampf sprach, täuschen
lassen.

„Noch einen Augenblick . . . ich bitte . . .“, sprach
sie lebhaft und legte die Hand an die brennende
Stirne, um sich für die bevorstehende Entscheidung
zu sammeln . . .

Bei dieser Bewegung schob sich der weitgeschnittene Aermel ihres Kleides etwas zurück und enthüllte ihren Arm . . .

„Sapristi . . .", lächelte der Baron mit einem sonderbaren Ausdruck, „Du hast einen wunderschönen Arm . . ."

Clotilde streifte hastig den Aermel über und er= hob sich . . .

„Ich will Dir ganz offen sagen, warum dieses Duell nicht stattfinden darf."

Ihre Stimme hatte etwas, was dem Baron ein leichtes Frösteln verursachte. Indessen nahm er alle seine Courage zusammen und die Arme à la Napo= leon über der Brust kreuzend, antwortete er:

„Ich höre . . ."

„Du weißt so gut, wie ich, daß Linden Dir in Führung der Waffen überlegen ist. Er würde Dich tödten, ohnfehlbar. Ich will aber nicht die, wenn auch unschuldige Urheberin Deines Todes sein. Und dann bist Du auch noch nicht bereit zum Sterben."

Dem Baron lief es kalt über den Rücken. Sein Muth sank auf den Nullpunkt. Er sah ein, daß es Zeit war den Rückzug anzutreten, wenn er noch länger sich hartnäckig weigerte, dann war es ja möglich, daß seine Frau ihre Vermittlung, die ihm doch so hocherwünscht kam, aufgab . . . Er lachte hell auf . . .

„Ach, das sind die Folgen des Umgangs mit dem frommen Vetter . . . Ich soll nicht in meiner Sünden Maienblüthe dahinfahren!" Der Grund war ihm in der That einleuchtend.

Seine Lustigkeit beunruhigte Clotilde . . .

„Du verlangtest neulich von mir Geld", sagte sie in hastigerem Tone, während der Baron bei dieser unerwarteten Wendung des Gesprächs die Ohren spitzte, „ich wies Dich an Johannes. Ich will Dir drei Viertheile meines Vermögens überlassen, wenn Du auf dieses Duell verzichtest . . ."

Die letzten Worte hatte sie eilig, in fieberhafter Hast herausgestoßen. Mit zurückgehaltenem Athem, die Hand gegen die Brust gepreßt erwartete sie die Antwort ihres Mannes . . .

Der Baron hatte Mühe seine freudige Ueber= raschung zu verbergen. Das war eine glückliche Wendung, die er nicht im Entferntesten geträumt. Er mußte sich wirklich sammeln, um sich nicht zu verrathen.

„Wahrlich", sagte er endlich, „ich hätte nicht ge= glaubt, daß mein Leben Dir so theuer wäre — sie wendete rasch ihr Gesicht ab — „indessen . . . da Dir soviel daran liegt, daß dieser Kugelwechsel mit diesem Herrn Linden unterbleibt . . . so verzichte ich darauf . . ."

Ein tiefer Seufzer entrang sich ihrer Brust . . .

„Und Du erklärst dies schriftlich in ein paar Zeilen", setzte sie hinzu.

Der Baron lächelte.

„Wenn es Dir Vergnügen macht". Sie deutete auf ihren Schreibtisch.

Er nahm Papier und Feder und schrieb:

„Ich bedauere den Vorfall von heute morgen und bitte Sie meine Worte als nicht gesprochen zu betrachten.

Mit Hochachtung
Alfred Baron von Portheim."

Er reichte ihr den Brief.

„Bist Du damit zufrieden?"

„Ich danke...", antwortete sie mit leiser Stimme...

Er couvertirte das Billet, schrieb die Adresse darauf.

„Hier", sagte er, ihr den Brief überreichend, „und da es ein lateinisches Sprüchwort gibt von der manus manum lavat, so thust Du mir wohl den Ge= fallen und gibst mir Dein Versprechen — schriftlich."

Clotilde zuckte leise mit der Schulter.

„Glaubst Du mir nicht?"

Dann ging sie an den Schreibtisch und warf ihr Versprechen auf einen Bogen Papier.

Lächelnd überflog der Baron die Zeilen.

„Merci!" sagte er lächelnd, und ihr die Hand küssend, setzte er hinzu: „nun ist die Sache in Ord=

nung. Gnädige Frau, ich habe die Ehre, mich zu empfehlen."

„Sapristi", sprach er für sich, als er die Treppe zu seinem Zimmer hinaufstieg, „was wird der fromme Vetter für Augen machen." Oben angekommen klingelte er seinem Diener.

„Bring mein Gepäck in Ordnung, Louis", befahl er, „wir werden bald aus dem langweiligen Nest abreisen . . . Und wenn Du einen Schatz hier hast, so nimm zärtlichen Abschied von ihm, wir werden nicht sobald wieder kommen . . . Wir gehen nach Paris. Aber warte, frommer Vetter", setzte er leise für sich hinzu, „vorher werde ich mich noch revan= chiren . . . Canaille, der ich nicht mehr als dreißig= tausend Thaler werth war" und er rieb sich vergnügt über seinen Einfall die Hände.

Johannes hatte seine Geschäfte in Leipzig rascher erledigen können, als er gehofft hatte. Schon am andern Tag konnte er den Schnellzug der Thüringer Bahn benutzend, wieder abreisen. In Weimar nahm er Extrapost und trieb den Postillon durch reichliches Trinkgeld zu möglichster Eile an. Trotzdem dunkelte es schon, als er in das Thal hinabfuhr, in welchem der Badeort lag.

Dem schönen Tag war ein herbstlich=rauher Abend gefolgt; dunkle Wolken bedeckten den Himmel, ein feiner Sprühregen schlug gegen die Wagenfenster der Postchaise, in welcher Johannes der Villa Portheim zurollte. Johannes träumte.

In die Ecke des Wagens gelehnt, ließ er die Bilder der Zukunft an sich vorüberziehen .. Eine flammende Leidenschaft erfüllte die Seele dieses Mannes, der vorgab nur Gott zu dienen und in dieser Stunde, so nahe dem Ziel seiner geheimen, glühendsten Wünsche gab er sich ganz den Phantasien hin, welche diese lodernde Leidenschaft in ihm erweckte.

Seine Hand griff in die Brusttasche und zog eine verblichene rothe Sammetschleife heraus. Es war dieselbe, welche Clotilde vor Jahren einst auf dem Balcon des Schlosses Friedrichshaide aus ihrem Haar verloren hatte. Seit jener Zeit hatte er sie auf seiner Brust getragen und seine Lippen hatten oft in wild= lodernder Gluth sich auf die Schleife gepreßt. Er glaubte den feinen Duft ihrer Locken zu athmen, ihr Haar selbst zu küssen, dieses prächtige, dunkle Haar, dessen üppige Flechten kaum der goldene Kamm zu= sammenhielt . . .

Sieben lange Jahre hatte er diese Liebe in seinem Herzen getragen . . .

In ihm wurzelte der Ursprung des Hasses, den er vom ersten Tage ihrer Bekanntschaft an gegen Victor Linden hegte, auf ihr beruhten seine Pläne, seine Zukunft, sein ganzes Leben. Mit einem Scharf= sinn, der die Entwicklung der Dinge auf Jahre hinaus berechnete, hatte er vorhergesehen, daß seine Hoffnung nur in Erfüllung gehen könnte, wenn Clotilde Portheim's Gattin würde. Er sah den Jammer dieser unseligen Ehe voraus, er wußte, daß ein Tag kommen würde, an dem sich Clotilde so elend, einsam und verlassen fühlen würde, an dem sie zu ihm ihre Zuflucht nehmen würde, zu ihm, ihren einzigen Anhalt, ihre einzige Stütze.

Darum hatte er Portheim, den er ebenso ver= achtete, wie er Linden haßte, in seinen Plänen gegen Victor unterstützt, darum Alles aufgeboten, um einen Bruch zwischen Clotilde und Linden herbei zu führen.

Und es war ihm geglückt — er stand am Ziel.

Am Ziel? Ein dunkler Schatten lagerte sich auf seiner Stirn. Das Bild jener Gruppe stieg vor ihm auf, das er vor einigen Tagen mit Portheim gemein= schaftlich von dem Berge aus beobachtet hatte . . .

Er und sein Kind und sie . . .

Ein bösartiges Lächeln schwebte um die vollen, blühenden Lippen des Missionsvorstehers.

„Nimm Dich in Acht, Victor Linden, daß Du mir nicht zum zweiten Mal in den Weg trittst. Und wenn ich Dir den Kopf zertreten müßte, wie einem giftigen Wurm . . . War dieser Mensch nicht ohne= hin ein Feind göttlicher und menschlicher Ordnung, ein Verächter der Kirche und Umsturzprophet? . . ."

Da stieß der Postillon schmetternd in das Horn, der Wagen rasselte den Abhang hinab und hielt vor der Villa . . . Die Nacht war indessen vollständig hereingebrochen und hatte ihr schwarzes Gewand über die Erde gebreitet. Kein Stern flimmerte am Himmel, die halbe Mondsichel, die über dem Walde stand, wurde nur auf Augenblicke sichtbar, graues Gewölk verbarg sie stets wieder.

Mit einem Sprung war der Missionsvorsteher aus dem Wagen. Er warf einen raschen Blick nach Clotilden's Fenstern. Sie waren dunkel. Dagegen war das Zimmer des Barons hell erleuchtet.

Sollte Clotilde im Zimmer des Barons sein? Noch ehe er Zeit hatte sich die Frage zu beantworten, knarrte die Thüre des Gartens, Louis kam mit der Stalllaterne und nahm Johannes die Reisetasche ab.

„Ist die Herrschaft zu Hause?" frug er den Diener.

„Der Herr Baron ist auf seinem Zimmer".

Hastig stieg Johannes die Treppe hinan. Hier begegnete ihm Clotilden's Mädchen.

„Ist die gnädige Frau zu sprechen?" frug er sie.

„Die Frau Baronin war sehr müde und hat sich schlafen gelegt", antwortete die Zofe. Wäre das Treppenhaus etwas heller erleuchtet gewesen, so würde ihm eine gewisse Verlegenheit des Mädchens bei seiner Frage nicht entgangen sein.

Rasch öffnete er die Thüre Portheim's.

„Guten Abend, Vetter . . .", begrüßte er ihn.

„Ah, guten Abend, Vetter, schon zurück", grüßte lächelnd der Baron, der seine Papiere ordnete und zusammenpackte.

„Ja", antwortete Johannes, indem er sich einen Sessel an den Tisch rollte, „ich wurde eher fertig, als ich hoffte . . ."

„Und doch zu spät gekommen", meinte der Baron mit einem sonderbaren Lächeln, indem er ein Paquet Schriften in seine Reisetasche schob und dann im Ordnen der übrigen Papiere ruhig fortfuhr.

„Zu spät, wie so?" frug Johannes unruhig.

Der Baron wandte ihm das Gesicht zu.

„Brennen Sie sich erst eine Cigarre an", lächelte er, „Ihre Stimme verräth eine gewisse nervöse Un-ruhe und Sie wissen der Tabak wirkt beschwichtigend, einschläfernd auf das Nervensystem. Meine Mit-theilung ist aber etwas aufregender Natur . . ."

„Sprechen Sie . . .", stieß der Missionsvorsteher in heftiger Ungeduld hervor.

„Gewiß, aber Sie müssen mir versprechen ruhig zu bleiben".

Johannes zuckte mit einem unbeschreiblichen Aus-druck die Achseln.

„So hören Sie denn", näselte der Baron, indem er mit größter Gleichmüthigkeit ein Paquet Briefe nach dem Andern zusammenband und in die Tasche schob.

Und nun erzählte er ihm die Begegnung, die er heute morgen mit Linden gehabt und wie er diesen zum Duell gefordert.

„Er nahm es an?" unterbrach Johannes begierig den Erzähler. Der Baron lachte.

„Ja, er nahm es an, aber vom Annehmen bis zur Mensur ist ein weiter Weg. Ich glaube, Sie würden nicht böse gewesen sein, lieber Vetter, wenn Sie bei Ihrer Rückkehr uns Beide, mich und den Advokaten todt gefunden hätten; und gestehen Sie es nur, Sie würden inbrünstige Gebete für diese beiden Sünder zum Himmel emporgeschickt und Gott gedankt haben, daß er uns von der Erde genommen."

Unter den gesenkten Augenlidern des Missions= vorstehers schoß ein haßerfüllter Blick hinüber zu dem Baron, der eine kleine Unterbrechung in seiner Er= zählung machte, um sich an der Wachskerze eine Cigarre anzubrennen . . .

„Als ich ein paar Stunden später nach Hause kam, ließ mich meine Frau um eine Unterredung bitten. Ach, das Sprüchwort muß wahr sein sein, alte Liebe rostet nicht. Die arme Clotilde war schrecklich be= sorgt für das Leben des Herrn Linden und sie malte mir die Sache mit so grellen Farben aus, daß ich anfing weich zu werden. Schließlich — Sie sehen, es rollt das Blut eines Kaufmanns in ihren Adern — machte sie mir einen Vorschlag, dem ich unmög= lich widerstehen konnte. Gieb mir die Freiheit, sagte

sie, und ich gebe Dir drei Viertheile meines Ver=
mögens. Gestehen Sie, der Vorschlag war annehmbarer,
als der Ihrige. Wir einigten uns und die Frau Ba=
ronin Portheim wird nächstens Frau Rechtsanwalt
Linden heißen . . ."

„Sind Sie mit Ihrem Märchen zu Ende", frug
Johannes, über dessen Züge sich eine tiefe Blässe ge=
breitet hatte, während die Augen in unheimlicher
Gluth aufleuchteten.

„Märchen? Voila, mon cher cousin . . ." Und
der Baron hielt seinem Vetter die Erklärung Clo=
tildens vor die Augen.

Der Missionsvorsteher langte nach dem Papier,
aber Portheim zog es hastig zurück.

„Mit Permission", lächelte er, „solche Documente
gebe ich nicht einmal in Freundeshände" und er legte
die Schrift zu den übrigen Papieren . . .

Es trat eine kurze, stumme Pause ein.

Der Missionsvorsteher hatte den Kopf gegen die
Hände gedrückt und saß wie ein Mensch da, dem sein
Todesurtheil verkündigt wurde.

Dann erhob er sich und den Sessel zurückschiebend
sagte er mit etwas heiserem Tone:

„Ich danke für die Mittheilung, Vetter. Gute
Nacht . . ."

„Sie wollen schon schlafen gehen?" frug der
Baron, dem die innere Aufregung seines Verwandten
nicht entging.

„Ja, ich bin müde von der Reise . . ."

Vergnügt rieb der Baron sich die Hände, als sich die Thüre hinter Johannes geschlossen hatte.

„Ja, geh' und schlaf' nur und träume. Für diese Nacht habe ich Dir Brennnesseln in das Bett ge= streut. Es geschieht Dir schon recht, Canaille, warum hast Du mich so niedrig tarirt. Dreißigtausend Thaler, mich den Baron Portheim".

Und er lachte wie ein boshafter Narr.

Nur wenige Minuten vor Johannes Ankunft hatte Clotilde, in einen schwarzen Schleier und einen dunklen Shwal gehüllt, die Villa Portheim verlassen.

Sie schlug den Weg nach Victor's Wohnung ein. Es war schon dunkel und aus den Fenstern des einsam gelegenen Hauses leuchtete ihr Lichtschimmer entgegen . . .

Sie wollte Victor die Erklärung ihres Mannes einhändigen und dann Abschied von ihm nehmen. Morgen wollte sie den Ort verlassen. Eine innere Unruhe, eine finstere Ahnung, die sie vergebens zu verscheuchen drohte, flüsterte ihr zu, daß Victor von einer unsichtbaren Gefahr bedroht sei, so lange sie in seiner Nähe weile. Immer und immer überfiel sie dieses bange Gefühl.

Es mochte sein, daß ihre ohnehin aufgeregten Nerven durch die Ereignisse dieses Morgens noch gereizter geworden waren, aber das war es nicht allein. Sie hatte das Gefühl, daß um sie herum etwas ausgebrütet wurde. Warum war Johannes so plötzlich verreist. Was hatte er mit dem Baron immer zu verhandeln? Und dann die seltsamen Blicke, mit denen er sie betrachtete, wenn er sich unbeobachtet wähnte.

Längst schon hatte sich ihr der Gedanke aufgedrängt: Johannes liebte sie. Vergebens hatte sie sich zu überreden gesucht, daß es eine Täuschung, ein Irrthum sei, immer und immer wieder war ihr der Gedanke zurückgekehrt und hatte sie mit Furcht und Grauen erfüllt.

Darum fort, weit weg von hier — Trennung von Victor, aber auch Trennung von Johannes. Lieber wollte sie das unwürdige Benehmen des Herrn von Portheim ertragen, als diese — Liebe des Missionsvorstehers, dessen Frömmigkeit in dem kleinen Clärchen ein Kind der Sünde sah und dessen Glaube es ihm erlaubte, kaltblütig die kleinen Vögel, die in den Zweigen ihre Lieder sangen, todt zu schießen, weil es in der Schrift hieß: „Und herrschet über die Vögel unter dem Himmel und alles Thier, das auf Erden kriechet . . . .“

Alle diese Gedanken gingen ihr durch den Kopf,

während sie den Abhang hinauf stieg, auf dessen Höhe das kleine Haus lag.

Jetzt stand sie vor der Thüre. Sie war noch offen. In diesen thüringischen Waldorten kennt man noch nicht das Mißtrauen großer Städte. Man fürchtet weder Diebe, noch Räuber und es giebt noch eine Menge Häuser in den thüringischen Walddörfern, welche blos eine halbe Thür haben, die von der Schwelle bis zur Mitte reicht.

Mit klopfendem Herzen stieg Clotilde die Treppe hinan.

Leise pochte sie an Victor's Zimmerthür. „Herein!" rief seine Stimme — sie öffnete und trat in das Gemach.

„Mama Clotilde . . . Mama Clotilde!" rief freudig Clärchen, die mit ihren Puppen spielend am Tische saß, während Victor das Buch, in dem er gelesen, überrascht niederlegte.

„Herzlich willkommen", sagte er ihr entgegengehend und die Hand bietend.

Aber schon war ihm die Kleine zuvorgekommen.

Wie ein Vogel war sie vom Stuhle heruntergehuscht und auf die junge Frau zueilend und deren Kniee umfassend rief sie

„Ach, wie lieb bist Du, daß Du kommst, Mama Clotilde . . . Nun zeige ich Dir meine ganzen Spielsachen . . ."

„Mein liebes, liebes Kind," flüsterte die Baronin
bestürmt von einer Fluth süß-schmerzlicher Gefühle
und hob die Kleine zu sich empor und küßte sie
inbrünstig und verbarg ihr Gesicht in dem weichen
Lockenhaar des Kindes ...

Aber die Kleine drängte zum Spieltisch.

Mit einem wehmüthigen Lächeln reichte die junge
Frau Linden die Rechte.

„Wir müssen ihr schon nachgeben, mein Freund."

Victor senkte bejahend das Haupt ... Er ahnte
die Bedeutung dieses Besuchs ... und sein Herz
zog sich zusammen bei dem Gedanken, daß diese Begegnung vielleicht die letzte sein sollte, die letzte fürs
ganze Leben ...

Wie unbefangen, wie glücklich die Kindheit ist!

Das kleine Mädchen da mit dem blonden Lockenhaar, das ihr in lieblicher Verwirrung um das Köpfchen hing, mit den großen, strahlenden, langbewimperten braunen Augen hatte keine Ahnung von den
Schmerzen, welche die Herzen Beider, die da neben
ihm standen, marterten. Clara zeigte Mama Clotilde
ihre Puppen, ihre Arche Noah, ihren Garten, in
welchem hölzerne Schäfchen unter den grünbemalten
Bäumen standen und ihr Bilderbuch, auf dessen Titel-
blatt eine Thierbude abgebildet war, vor welcher ein
Ausrufer und ein buntscheckiger Hanswurst mit einer
Trompete und Pauke und eine Menge großer und
kleiner Menschen standen ...

Wie eifrig plauderte das kleine Plappermäulchen, welche Geschichten und Abenteuer wußte es von seinen Püppchen zu erzählen.

Plötzlich, mitten im Gespräch stockte sie und brach in ein so fröhliches Lachen aus, daß es im Zimmer von der hellen Kinderstimme widerhallte.

„Sieh' nur, Papa und Mama Clotilde, den dummen Belly, was er für große Augen macht." Der kleine Hund lag in der That in possirlicher Stellung, den Kopf zwischen den Pfoten, die Augen starr und ernsthaft auf den ungewohnten Besuch gerichtet, in dem Puppenbett, das ihm Clärchen abgetreten hatte.

Die Fröhlichkeit des Kindes entlockte selbst Victor und Clotilde ein Lächeln und einen Augenblick fühlten sie sich so glücklich im Genuß der Gegenwart, wie das Kind, dessen Heiterkeit weder durch eine Erinnerung an die Vergangenheit, noch durch einen Hinblick auf die Zukunft getrübt wurde.

Rasch verstreicht die Zeit den Glücklichen.

Eine Stunde war seit dem Eintritt der Baronin verflossen und noch immer lauschten die Beiden dem lieblichen Plaudern des Kindes, das in seiner Freude über Mama Clotilden's Besuch unerschöpflich an drolligen Einfällen war. Aber plötzlich stockte der kleine rosige Mund, die Kleine strich sich mit der flachen Hand über die Augen und lächelte ermüdet der jungen Frau zu:

„Mama Clotilde, ich bin sehr müde. Trag' mich in's Bett."

Und dabei streckte das Kind die kleinen, runden Aermchen Clotilde entgegen.

Die junge Frau zog die Kleine an sich.

„Hast Du mich lieb, Clärchen?" frug sie mit halberstickter Stimme.

„O, so lieb . . . so lieb!" rief das Kind und drückte sein Händchen gegen sein kleines Herz.

„Gute Nacht, Papa!" und sie streckte ihm das blonde Lockenköpfchen entgegen, das Victor mit seinen Küssen bedeckte.

„Gute Nacht, Anna, gute Nacht, Bertha und Belly!" rief sie noch aus dem Schlafgemach ihren Puppen und dem kleinen Hunde zu — eine Minute später war sie in süßen Schlummer versunken . . .

Victor und Clotilde waren nun allein. Eine Weile saßen sich diese beiden Menschen, deren Lebensfaden einst so eng verknüpft war und die weniger durch ein tragisches Schicksal, als durch unglückliche Mißverständnisse und kleinliche Intriguen getrennt worden waren, stumm gegenüber.

War es Zufall oder Absicht, um die Bewegung zu verbergen, die ihr Wesen ergriffen, Clotilde saß außerhalb des Lichtkreises der Schirmlampe im Halbdunkel, während auf Victor's Züge der helle, volle Schein des Lichtes fiel, das durch die Milchglasglocke hindurch glänzte . . .

„Ich komme, um mein Versprechen zu lösen", begann endlich die junge Frau, „das ich Ihnen heute Morgen gab, als ich Ihnen ein baldiges Wieder= sehen versprach . . . und zugleich um Ihnen diese Erklärung des Barons von Portheim zu geben."

Sie gab ihm den Brief ihres Mannes.

Victor überflog die wenigen Zeilen mit einem raschen Blick.

Dann richtete er sein Auge forschend auf die junge Frau und frug sie:

„Um welchen Preis haben Sie diese Erklärung dem Baron von Portheim abgerungen?"

Ein schmerzliches Lächeln zuckte um den Mund der blassen Frau.

„Der Preis war in meinen Augen sehr gering gegen das, was ich dafür erhandelt", sagte sie, „aber wozu diese Frage? Nicht deshalb bin ich gekommen, sondern, um Ihnen mein Lebewohl zu sagen."

Ihre Stimme war dabei fast unhörbar leise ge= worden.

Victor senkte das Haupt.

„Das sah ich voraus und habe es erwartet", sagte er und strich sich mit der Hand über Stirne und Augen . . .

Darnach wurde es still im Zimmer, unheimlich still, wie in einer Gruft.

Stumm, unbeweglich saßen sich die Beiden gegen= über, den Nacken gebeugt unter der Wucht eines

unabwendbaren Verhängnisses . . . Beide haben sie
die Augen gesenkt, Keins wagt das Andere anzu=
blicken. Vielleicht fürchten sie, daß eine Trennung
ihnen dann unmöglich sein würde und sie müssen
sich doch trennen . . .

Müssen? Müssen sie wirklich. Kann ein Mensch
gezwungen werden zu müssen? Diese und ähnliche
Gedanken wirbeln Victor durch den Kopf. Ist Clo=
tilde verurtheilt das Joch dieser Ehe bis zu ihrem
Tode zu tragen, kann sie den unseligen Irrthum
nicht wieder gutmachen durch Lösung der Fessel.
Aber er will das Wort nicht aussprechen — lieber
das Verhängniß tragen . . .

O, unheimlich still ist es in dem Gemach, todten=
still; und draußen sechs Schritte von dem Fenster an
der Wand des Bergabhangs lehnt eine dunkle Gestalt,
deren Augen starr, durchbohrend auf den Beiden
haften.

Nicht zum ersten Male steht der Mann im dunklen
Mantel an der Bergwand und beobachtet Victor
Linden; oft schon hat er hier gestanden und das
Treiben des Todfeindes belauscht . . .

Die Nacht ist finster und stürmisch und der Wind
weht kalt um den Berggipfel.

Einen Augenblick tritt die halbe Mondsichel, die
über dem dunklen Walde steht, hinter dem grauen,
nebligen Gewölk hervor und wirft einen schwachen

blassen Schein über das Gesicht und die Gestalt des Mannes an der Bergwand.

Furchtbar ist der Anblick der Zerstörung, welche die entfesselten Kräfte der Natur bewirken. Aber noch furchtbarer und ergreifender die Verwüstung, welche menschliche Leidenschaften in dem Spiegel der Seele, dem Antlitz, erzeugen.

Wie er so da stand, Johannes, den Oberkörper spähend vorgebeugt, beide Hände auf den Lauf seiner Jagdflinte gestützt, ohne einen Blutstropfen in den Wangen, den Mund von Haß und Eifersucht ver= zogen, die Augen mit durchbohrender Starrheit auf die Gruppe im Gemach gerichtet — flößte sein Anblick Entsetzen ein.

Da drinnen saß er, den er am grimmigsten auf dieser Erde haßte, sein Todfeind, und neben ihm saß sie, die Frau, die er mit einer wilden, verzehrenden Leidenschaft liebte. Er konnte ihre Züge nicht unter= scheiden, er sah nur ihre weiße Hand, die auf den Polstern des Sessels ruhte und das Glitzern eines Diamantringes, den sie am linken Zeigefinger trug...

Jetzt sah er, wie er sich zu ihr vorbeugte und zu ihr redete. Er hätte seine Seele darum gegeben, wenn er ihr Gespräch hätte belauschen können.

Die Beiden ahnten nichts von der Gegenwart des Lauschers.

Victor hatte endlich das Schweigen, das düstere

Schweigen, das bleiern=schwer auf ihn drückte, ge=
brochen . . .

„Ich habe Ihnen auch noch einen Gruß und ein
Lebewohl zu sagen", sprach er, „einen Gruß und
ein Lebewohl von Clärchen's Mutter . . . von
Adele . . ."

Clotilde zitterte. Das war ein Moment, den sie
bis jetzt kaum flüchtig berührt hatten in ihren Ge=
sprächen . . .

„Sie war mir ein gutes, treues Weib und ihr
Herz war das edelste und großmüthigste. Sie kannte
nur dunkel die Vorgänge, welche . . .", er stockte
und schien nach einem passenden Worte zu suchen,
„unserer Trennung vorhergingen. Ich habe niemals
mit ihr darüber gesprochen, aber ich weiß, sie liebte
Sie und einige Aeußerungen verriethen mir, daß sie
zuweilen sich Vorwürfe mache, als trage sie die
Schuld an den Dingen, die eben gekommen sind."

Er sprach es langsam, aus gepreßtem Herzen
heraus. Clotilde hatte das Gesicht mit den Händen
bedeckt und weinte still.

„Wenige Tage vor ihrem Hinscheiden", fuhr Victor
fort, „nahm sie meine Hand und sagte mir . . .
Grüße mir Clotilde und sag ihr, ich lasse sie um
Verzeihung bitten . . ."

Ein leises Schluchzen Clotilden's unterbrach ihn.

„Ich redete ihr den Gedanken aus und beruhigte

sie darüber, aber den Gruß band sie mir auf die Seele!" Er reichte der Weinenden seine Rechte ...

Immer unheimlicher glühten draußen die starrblickenden Augen des Lauschers auf und die Rechte faßte krampfhaft den Lauf der Flinte.

Sein Inneres schmerzte ihm wie von in ätzendes Gift getauchten Krallen zerfleischt, alles Blut seiner Adern drängte sich nach seinem Herzen, es war ihm zu Muthe, wie einem Menschen, der dem Ersticken nahe ist ...

Clotilde hatte Victors dargebotene Hand ergriffen ...

„So leb' denn wohl ...", sprach sie unter Thränen und erhob sich von dem Sessel ..., „leb' wohl ..., grüße mir mein liebes, süßes Clärchen und sag' ihr, daß ich ...", sie vermochte nicht zu vollenden, Thränen erstickten ihre Stimme ...

„Mama Clotilde ..., ach die schönen Blumen..." Der Mund der laut träumenden kleinen Schläferin sprach es ...

Clotilde hörte es und noch einmal ging sie ins Schlafgemach und hauchte Abschiedsküsse auf die Stirne des Kindes ...

„Und nun leb' wohl, Victor ... Gott schütze Dich ...

„Gott schütze Dich, Clotilde", wiederholte er tieferschüttert, „Gott schütze Dich ... Leb' wohl ..."
Er streckte die Arme nach ihr aus, er zog sie sanft

an sein Herz, einen Kuß . . . einen einzigen Kuß
auf ihre Stirne zu hauchen . . .

Da zuckte ein Blitz durch die Nacht.

„Barmherziger Gott", schrie sie auf und warf
sich vor ihm nieder und klirrend zerschmetterte die
Kugel die Fenster und Victor's Brust streifend traf
sie Clotildens Schulter . . .

„Papa . . ., Papa . . .", schrie durch den
Schuß erweckt, entsetzt die Kleine auf . . .

„Mörder . . ., Meuchler . . .", donnerte Linden
und Clotilde in den Sessel niederlassend, sprang er,
das Fenster aufreißend, über den Balcon ins Freie...
Vor ihm, den Bergabhang hinab jagte in flatterndem
Mantel eine dunkle Gestalt mit wahnsinniger Eile...

Nur wem das böse Gewissen treibt, oder wem
der Tod auf den Fersen folgt, kann in so tollem
Laufe jagen . . . Aber in wilden Sätzen folgte ihm
Linden. Ueber Stock und Stein, durch Büsche und
Gestrüpp ging die wilde Jagd.

Da gellte ein durchbringender Schrei zum Himmel
auf. Der Fliehende war über einen Haufen loser
Feldsteine gefallen und hatte sich das Schienbein
blutig gestoßen . . . Zwar hatte er sich im nächsten
Augenblicke schon wieder aufgerafft, allein diese kurze
Spanne Zeit war hinreichend gewesen ihn seinem
Verfolger in die Hände zu liefern.

Mit einem Sprunge stürzte sich Linden auf den
Meuchelmörder. Er wußte nicht wer er war, nur

eine dunkle Ahnung über den Urheber der Frevelthat
dämmerte in ihm . . . Es entstand ein wildes,
verzweifeltes Ringen zwischen den beiden Männern.
Ein schwacher Mondstrahl, der zwischen den Brom=
beersträuchen und wilden Rosenbüschen hindurch, herab
in den Hohlweg fiel, wo die Beiden mit einander
rangen, glitt über die Gestalten . . . Vergebens
bemühte sich Linden die verhüllende Mantelkapuze von
dem Gesicht seines Gegners zu reißen. Die Hände
des Feindes lagen an seinem Halse und drohten ihn
zu ersticken, wenn er die Handgelenke ihm frei ließ.
Keiner sprach ein Wort. Man hörte nichts, als ein
keuchendes Athemholen und das Knirschen der Steine
unter den Füßen der Kämpfenden.

Victor fühlte, wie ihm der Andere an Körper=
kraft überlegen war, aber er war gewandter und
elastischer als sein Gegner . . . Wie eiserne Klam=
mern umspannten dessen Finger seinen Hals und
drohten ihm die Kehle zusammenzuschnüren. Er fühlte
ein leichtes Brausen in den Ohren und vor seinen
Augen flimmerte es. Da, alle seine Kräfte zusam=
menraffend, schnellte er mit dem Oberkörper zurück,
und das linke Handgelenk des Andern freilassend,
versetzte er ihm einen Faustschlag mitten gegen die
Stirne . . .

Durch den Schlag erschüttert schwankte der Andere
zurück, seine Hände öffneten sich und im nächsten
Moment rangen sie Brust an Brust miteinander,

aber nur einen Moment, dann hatte Victor seinen Gegner zum Fall gebracht und das Knie ihm auf die Brust setzend, riß er ihm die Kapuze vom Gesicht, auf welches der schmale, bleiche Strahl des Mondes fiel.

Lautlos starrten sich die beiden Männer an. Langsam zog dann Victor sein Knie zurück und sprang vom Boden auf, mit einer Bewegung sich schüttelnd, wie Einer, der eine giftige Schlange von sich wirft . . .

Auch der Missionsvorsteher, der von dem Augenblick an, in dem ihm Victor die Kapuze vom Gesicht gerissen und er sich erkannt sah, auf jeden Widerstand verzichtet hatte, richtete sich langsam empor.

Einen Moment noch standen sich die beiden Todfeinde gegenüber.

Dann streckte Victor stumm und befehlend den Arm aus. Der Missionsvorsteher senkte das Haupt, schlug die Hände vor das Gesicht und jagte davon, wie von den Rachegeistern gepeitscht.

Victor aber eilte in vollem Laufe zurück nach seiner Wohnung.

——— ——— ——— ———

——— ——— ——— ———

Der Schuß, welcher ihm gegolten, hatte Clotilden's Schulter getroffen. Glücklicherweise hatte die Kugel kein edleres Organ verletzt.

Als Victor athemlos zurückkehrte, fand er bereits Frau Mathes und deren Tochter, die durch den Schuß

aufgeschreckt worden waren, um die Verwundete be=
schäftigt.

Clärchen kauerte laut weinend vor ihrer Mama
Clotilde, die sehr blaß, mit halbgeschlossenen Augen,
in dem Sessel ruhte.

Die Frauen im Thüringerwalde treiben fast alle
ein wenig Haus = Arzneikunde. Sie destilliren die
aromatischen Kräuter des Waldes und bereiten aus
der Johannisblume eine blutstillende Tinctur.

Frau Mathes hatte das Blut, welches reichlich
aus der Fleischwunde floß, gestillt und einen Noth=
verband aufgelegt, bis der Arzt aus dem Städtchen,
nach welchem sie ihren Buben geschickt, gekommen
sein würde.

Als dieser endlich angelangt und die Wunde
untersucht hatte, erklärte er die Verwundung zwar
nicht für gefahrvoll, doch hielt er es in Hinsicht auf
den Blutverlust und die Nervenerschütterung für noth=
wendig, die Baronin zu Bett bringen zu lassen.

Frau Mathes räumte ihr ihrer Tochter Kammer
ein, da ein Transport in der Nacht hinunter zur
Villa Portheim unmöglich war.

Daß die Verhältnisse oft mächtiger sind, als der
Wille des Menschen, das zeigte sich auch hier.

Am anderen Tage war das Ereigniß dieser Nacht
im Munde aller Bewohner des Ortes und der noch
anwesenden Badegäste.

Victor hatte gegen Niemanden, selbst nicht gegen den Arzt und Clotilde, den Namen des Thäters genannt. Er hatte erklärt, er habe den Mörder verfolgt, aber in der Dunkelheit habe er dessen Spur bald verloren und die Sorge um die Verwundete habe ihm die Verfolgung aufgeben lassen.

Der Baron, der allein den Zusammenhang der blutigen Begebenheit dieser Nacht errieth, zog es vor, zu schweigen, aus Gründen, die man leicht erklärlich finden wird.

Ohne seine Frau wiederzusehen, reiste er am nächsten Tage ab, nur ein kurzes Billet folgenden Inhalts an sie zurücklassend:

„Nach den Begebenheiten dieser Nacht wirst Du es erklärlich finden, wenn ich Dir die Freiheit wiedergebe. Ich werde dafür Sorge tragen, daß die Affaire ohne Eclat erledigt wird. Betrachten wir von heute an unsere Verbindung als gelöst.
                    Alfred Baron von Portheim.“

Er schüttelte um so leichter die auch für ihn drückende Fessel dieses Ehebundes ab, als ihn Clotilden's schriftliche Erklärung ohnedieß in den Besitz Dessen gesetzt hatte, was für ihn die Hauptsache war.

Ihre Ehe wurde, da auf beiden Seiten der entschiedene Wille dazu vorhanden war, schon nach einigen Monaten förmlich gelöst.

Clotilde hatte diese Monate mit Clärchen zusammen in der Villa Portheim verlebt, während

Victor, den seine Geschäfte in die Hauptstadt riefen, dort ungeduldig den Tag erwartete, an dem er sein Kind und sie, die dem Kinde nun eine zweite Mutter werden sollte, an sein Herz drücken durfte.

Endlich kam dieser Tag — es war ein schöner Octobertag — der 20. October — Clotilden's Geburtstag.

In der Hauptkirche des kleinen thüringischen Waldstädtchen's wurde ihre Ehe eingesegnet. Die junge Frau trug den einfachen Kranz von Orangeblüthen, den ihr Clärchen, die ganz glücklich war, daß Mama Clotilde nun immer bei ihr bleiben sollte, entgegengebracht hatte.

„Das Diadem", sagte Clotilde zu Victor, das Kind zärtlich an sich drückend und ihm dann in die Arme legend, „soll für sie aufbewahrt werden, für Adelen's, für unser Clärchen, wenn sie einst die Myrthe schmückt. Bis dahin aber, das gelobe ich Dir mit Hand und Mund, will ich ihr eine treue Mutter sein."

Sie erhob die Augen zu Adelen's Bild, das frisch bekränzt sie freundlich anzulächeln schien.

„O, Mama Clotilde, sieh' nur, wie meine Mama dort uns ansteht", rief das Kind und streckte die kleinen Aermchen gegen das Bild aus.

Victor aber, sein Kind und sein Weib an seine Brust ziehend, sprach tief ergriffen:

„Unsere Liebe ward begraben und ist auferstanden — und meinem Kinde ist eine treue Mutter erstanden . . .“

Und die Sonne strahlte durch die Fenster und goß ihr flüssiges Gold um die drei glücklichen Menschen.

Aus Clotilden's Tagebuch.

Seit sechs Monaten bin ich Victor's Weib . . . Nicht seine Gemahlin, sondern sein Weib, das Theil nimmt an seinen Arbeiten, seinen Sorgen, seinen Plänen, seinen Ideen. „Die Ehe ist das Grab der Liebe“, so lautet eine landläufige Redensart.

Es ist eine Lüge dieses Wort, eine abscheuliche Lüge, von einem Menschen erfunden, der in der Ehe nichts sah, nichts suchte, als den gesetzlich gestatteten Sinnengenuß.

Daß so viele Ehen liebeleer sind, daß tausend Gatten, nachdem der Rausch der Leidenschaft verflogen, öde, gelangweilt neben einander durchs Leben gehen, daß tausend Ehen unglückliche sind, die Fesseln, die man Eheband nennt, fast mehr drücken und ins Fleisch schneiden, als die eisernen Ketten des Züchtlings, Alles Das beweist nichts, Alles Das macht jenen frivolen Ausspruch nicht wahr.

Wenn irgend ein Weib unglücklich war in ihrem Ehebunde, so unaussprechlich unglücklich, daß der Tod als ein rettender Freund aus einem Leben un= aussprechlicher, unbeschreiblicher Qual erschien, so war ich es.

Den Stolz meines Vaters mich als vornehme Frau, als Gemahlin des Barons von Portheim, dessen Ahnen bis hinauf zu Kaiser Heinrich IV. reichen, zu sehen, die thörigte Eifersucht, die falsche Scham, die verletzte Eitelkeit, die mich nach jenem unseligen Geburtstags=Morgen trieben, diesem Manne die Hand zu reichen, wie habe ich für das Alles büßen müssen . . .

Aber das Grab der Liebe wurde diese Ehe nicht, denn ich trat ja liebeleer in dieses Bündniß; was ich litt, was ich dulden mußte, das war nichts als die gerechte, natürliche Strafe dafür, daß ich ohne Liebe den Bund schloß.

Tausende thun dasselbe; wenn sie nicht so furcht= bar, wie ich dafür leiden müssen, so liegt das ent= weder in ihrer geringeren Empfindlichkeit oder in ihren allgemeinen Lebensverhältnissen, in dem Drang der Geschäfte, der alltäglichen Sorgen, die ihnen nicht gestatten sich zu sammeln, sich zu besinnen.

Kommt aber doch ein Augenblick der Erkenntniß, dann entladet sich der Zündstoff nicht nach Innen, das Feuer zehrt nicht an dem eignen Selbst, sondern es wird ein äußerer Blitzableiter gesucht, der nur zu leicht sich findet.

Dann muß die Umgebung, die Dienerin, das Kind dafür büßen, daß die Ehe der Frau und Mutter nicht von Liebe erfüllt ist — — — — —

— — — — —

Was giebt der ersten Liebe einen so süßen, zauberischen, unnennbaren Reiz?

Es ist die Neuheit der Empfindung; jede Begegnung, jedes Finden, jedes Zusammensein birgt eine Ueberraschung in sich. Man sieht und entdeckt an dem Geliebten nur Angenehmes, Schönes, uns mit Freude und Interesse Erfüllendes. Man giebt sich Mühe dem Anderen die Tiefen seines eignen Wesens zu erschließen, ihn in unser innerstes Sein blicken zu lassen ...

Ist man verheirathet, so begeht man gewöhnlich den Fehler, es nicht mehr der Mühe werth zu halten, dem anderen Theil, der mit uns nun fürs Leben verbunden ist, Kenntniß von unserem inneren Leben und seinen Vorgängen zu geben.

Besonders die Männer begehen diese Sünde, denn es ist eine Sünde.

Sie gehen ihren Arbeiten, ihren Geschäften, ihren Plänen nach, den Frauen die Sorge um das Hauswesen überlassend. Diese Sorge und eine Anzahl, genau betrachtet, doch sehr nichtiger Zerstreuungen, sollen das geistige Leben der Frau ausfüllen.

Denn was nur zu oft der Mann ihr von dem Inhalt seines geistigen Seins giebt, das ist ein gelegentlich hingeworfener, dürftiger Brosamen.

Was ist die Folge davon? Das geistige Leben der Frau verödet, sie verliert sich ins Kleine, Unbedeutende, richtet all' ihr Sinnen auf das Aeußere und vernachlässigt das Innere — zum Erschrecken. Ist sie Mutter, dann sind die Folgen noch schlimmer.

In den ersten Jahren freilich brauchen ihre Kinder nur die körperliche Pflege, ohne welche so zarte Geschöpfe nicht gedeihen können, aber je älter sie werden, desto nothwendiger ist es, daß sie von der Mutter auch geistige Nahrung erhalten.

Victor spricht mit mir über Alles, was ihn interessirt, er unterrichtet mich von Allem, läßt mich an Allem, was ihn bewegt theilnehmen . . .

Politik, Literatur, Kunst und Leben, die großen socialen Fragen, die unsere Zeit bewegen, die tiefe Strömung, welche auf religiösem Gebiet sich zeigt — Nichts bleibt in seinen Gesprächen mit mir unberührt. Die Lücken meines Wissens, ach es giebt deren viele, ergänzt er und ich habe schon unendlich viel gelernt seit dem ich ihm angehöre.

Unsere Bildung, selbst die der Frauen aus den sogenannten höheren Ständen, ist ja eine äußerst mangelhafte und ich halte es für eine der schönsten Aufgaben des Mannes, der Lehrer seiner Frau zu werden und sie dadurch auch geistig zur wirklichen Gefährtin seines Lebens zu machen.

Ich war in einer Pension, die junge Mädchen bis zum sechzehnten Jahre ausbildete.

Der Lehrplan umfaßte alle Fächer und Zweige des menschlichen Wissens, sogar eine Chemie der Küche wurde gelehrt. Natürlich Alles mit Schonung unserer zarten Nerven.

Ach, wir vornehme Dämchen hatten ein sehr empfindsames Nervensystem.

Das wußten auch die meisten unserer Lehrer und richteten sich darnach.

„Wir haben also heute Geschichtsunterricht, meine verehrtesten Damen", sprach Herr Doctor Schönlein, dessen Kleidung fortwährend wie ein Parfümerie-Laden duftete, „was befehlen Sie? Soll ich Ihnen alte, mittlere oder neueste Geschichte vortragen?"

„Alte Geschichte? sagen Sie. Gut, plaudern wir ein wenig über Alcibiades. Sie wissen doch, wer Alcibiades war? Nun gut." Darauf erzählte er einige der bekannten Anekdoten über diesen genialen und berühmten Taugenichts von Athen . . .

„Sehen Sie, meine Damen, das war Alcibiades, im Grunde genommen, ein genialer Bummler . . . Doch ich sehe Einige gähnen . . . Diese alte Geschichte scheint Sie zu langweilen. Wollen wir ein Capitel der neuen Geschichte tractiren? Ach, Sie lächeln, ja, ja, die Gegensätze berühren sich.

Eh bien, ich habe Ihnen eben von einem alten
classischen Bummler erzählt, betrachten wir uns jetzt
einen Bummler der Neuzeit, der mit diesem athenien=
sischen Bonvivant viele Aehnlichkeit hat, ich meine den
Grafen von Mirabeau. Sie kennen doch diesen Mann,
dessen größte Merkwürdigkeit die war, daß er der
Liebhaber der größten Schönheiten seiner Zeit war,
während er ein häßliches von Blatternnarben zerrissenes
Königstiger=Gesicht hatte."

Das nannte man in diesem Pensionat für Töchter
höherer Stände Geschichtsunterricht.

Im letzten Jahre mußten die Schülerinnen der
ersten Klasse den sogenannten Repetirkursus durch=
machen. In der Geschichte wurden ihnen alle mög=
lichen Zahlen vom peloponnesischen Kriege bis herauf
zum Pariser Frieden von 1815 eingeprägt, aber
nicht Eine vermochte die Genesis eines der vielen
historischen Ereignisse anzugeben. Es war Alles eben
nur Blendwerk, äußerer Schein, Schmelzbesatz des
Geistes, um damit später in den Salons bei Kronen=
leuchter=Beleuchtung zu glänzen . . .

———

Unser Clärchen wird alle Tage lieblicher, reizender.
Welche Fülle von Anmuth ist doch über so eine
Kindergestalt ausgegossen.

Die ganze, ungetrübte Harmonie des Geistes, der
noch nicht durch Leidenschaften verzerrt und verdunkelt

ist, leuchtet uns aus dem graziösen Wesen dieser lieblichen Erscheinung entgegen . . .

Sie ist äußerst lebhaft und erregt. Vom frühen Morgen bis zum späten Abend ist sie auf den Beinen, das ist ein ewiges Hüpfen, Springen, Tanzen. Kaum, daß sie sich Zeit nimmt bei Tische zu sitzen.

Ich lasse ihr ihre volle Freiheit in der Bewegung. Nichts scheint mir schädlicher, als ein lebhaftes Kind zum Stillsitzen zu nöthigen durch Unterricht im Stricken, oder durch Beschäftigung mit Bilderausschneiden rc. Ein Kind hat etwas von dem Wesen eines Vogels, der auch Luft und Bewegung zum Gedeihen braucht. Still und gesetzt werden sie leider Gottes schon von selbst . . .

— — — — —

— — — — —

Victor kam heute sehr verstimmt nach Hause. Eine lebhafte Debatte im Parlament hatte ihn äußerst aufgeregt. Er erzählte mir die Verhandlung und während der Unterhaltung verlor sich seine Verstimmung und er konnte wieder gefaßt an seine Berufsarbeiten gehen, die ihn jetzt so sehr in Anspruch nehmen, denn er ist unter den hiesigen Advokaten der gesuchteste Vertheidiger. Der kleine Vorfall gab mir, als ich wieder allein war, Veranlassung über die Stellung der deutschen Frauen zur Politik nachzudenken . . . Es ist meiner Meinung nach eine altväterische Ansicht, die in jenen schlechten, demoralisirten

Zeiten von 1702 - 1806 entstanden ist, wenn man sagt die Beschäftigung mit Politik zieme sich nicht für Frauen.

Politik, was ist denn das?

Was behandelt sie, womit beschäftigt sie sich?

Mit den Zuständen unseres Vaterlandes; mit der großen, deutschen Heimath, auf deren Erde unsere Kinder geboren worden, auf der sie leben und ihr Dasein sich aufbauen sollen. Das Wohl unserer Kinder hängt aufs Innigste zusammen mit den Zuständen unseres Vaterlandes, mit seinen politischen und socialen Zuständen und wir Frauen sollen uns nicht darum kümmern?

Unweiblich nennen sie es . . .

Die alte orientalische Weltanschauung, die dem Weib die Moschee verbietet, ihr untersagt sich mit den idealen Dingen zu beschäftigen und in ihm bloß ein Werkzeug der Lust, des Genusses oder der Hausarbeit erblickt . . .

Wir haben diese orientalische Anschauung nur ins Altmodische - Deutsche des 18. Jahrhunderts übersetzt . . . Wie, die Frau hätte wirklich keine andere Aufgabe zu lösen, als die: zu kochen und Kinder zu warten?

Denn zur Kindererziehung gehört eine wirkliche, allseitige Bildung und was ist das für eine Bildung, die Nichts kennt, Nichts weiß von den Zuständen des Landes, dessen Sprache nach ihnen, nach den Müttern, unsere Muttersprache genannt wird?

Heute ist es gerade ein Jahr, daß ich Victor an=
getraut wurde. Ich habe heute lange darüber nach=
gedacht, von welchen kleinen Zufälligkeiten die Schicksale
der Menschen abhängig sind. Belly verfolgt eine
kleine Katze, Clärchen eilt dem Hündchen nach —
und aus diesem Zufall spinnt sich der Faden heraus,
der mein Geschick wieder mit dem Victor's verknüpft.

Von Zufälligkeiten sagte ich! Das Wort kam mir
in die Feder und doch widersteht es mir.

Sollte das Leben, das Schicksal der Einzelnen,
wie der Völker wirklich durch bloße Zufälligkeiten
bedingt werden? Nein, nein, es ist nicht möglich.
Aber tief, unerforschlich ist das Geheimniß. Freier
Wille, Zufall und göttliche Vorsehung — es ist ein
Mysterium, nach dessen Lösung die Menschheit ver=
gebens ringen wird. —

Heute ist der ein und zwanzigste Juni ... Abelen's
Geburtstag und Sterbetag. Vier und zwanzig Jahre
alt wurde sie. Seltsames Zusammentreffen. Der Tag
ihrer Geburt auch der Tag ihres Sterbens. Ich
ging mit Victor und Clärchen zu ihrem Grabe, das
wir mit Rosen und Vergißmeinnicht bekränzt hatten...

Arme Abele! da unten, in der dunklen, feuchten
Gruft ruht Dein Leib und Dein Auge, das so oft
mit heißer Liebe auf dem Antlitz Deines einzigen
Kindes geruht, ist für immer geschlossen und sieht
nie, nie wieder diese liebliche Blüthe am Baume der
Menschheit ...

O, das Sterben ist für Jedem eine schwere, harte Arbeit, aber für eine Mutter, die von ihrem Kinde scheidet, ist sie die schwerste . . .

Wenn zum letzten Male ihr brechendes Auge auf den geliebten Zügen ruht, wenn sie zum letzten Male die geliebte Stimme hört und sie dann fühlt, wie die Schatten der ewigen Nacht sich auf sie niedersenken, wie die Nebel der Ewigkeit sich zwischen sie und das geliebte Kind lagern und immer weiter, immer weiter die Kluft wird, die sie beide trennt und eine un= widerstehliche Macht sie von dem Liebling ihrer Seele fortzieht, weiter, immer weiter und der umflorte Blick selbst nicht mehr die Umrisse der geliebten Gestalt wahrnimmt — dann hat sie mit Golgatha= Schmerzen an Gott die Schuld für das Dasein ge= zahlt . . .

Eine Schuld für das Dasein? Aber sind wir schuldig einen Preis für dieses Leben zu zahlen, wenn es endigt mit dem Tode, wenn mit dem letzten Athemzug unserer Lungen wir verweht sind wie dürres Gras vor dem Sturme?

Ich läugne es, ich läugne es mit vollster Kraft und Klarheit meines Geistes.

Nichts wären wir dann schuldig, nichts dem Schöpfer, nichts Gott, nichts der Natur oder wie sie ihn nennen, den großen Unerforschlichen, von dem die Schrift sagt, daß die Sterne sein Lob singen und die him= mel'schen Heerschaaren ihn preisen . . .

Nichts, wiederhole ich nochmals.

Aber ich behaupte noch mehr. Ich sage: endet dieses Dasein mit dem Tode, wird die Hoffnung, die in den Herzen der Menschen von den ältesten Anfängen, vom Urbeginn an bis herauf zu den von der Sonne einer hohen Cultur beschienenen Zeiten sich geregt und gelebt hat, wird sie getäuscht diese Hoffnung: dann ist die Schöpfung des Menschen ein fluchwürdiges Verbrechen, dann ist sie ein Werk so entsetzlich grauenhaft, daß alles Verbrechen der Menschennatur, die Todsünden und das, was uns das Herz vor Entsetzen versteinen läßt: leicht wie eine Flocke Meeresschaum gegen die Granit-Riesen der Alpenwelt in der Waage der Gerechtigkeit wiegen wird.

Und wahr ist es, was der Apostel Paulus sagt: Giebt es kein ewiges Leben, dann sind wir die unglücklichsten aller Geschöpfe . . .

Victor sprach heute mit mir über den Unsterblichkeitsglauben bei den alten Deutschen. Er sagte mir, daß bei den Germanen die Idee der Fortdauer nach dem Tode schon in den urältesten Zeiten gelebt habe und er glaube, daß die hohe Mission der germanischen Nation der Hauptträger des Christenthums von der Zeit der Völkerwanderung an zu sein, eng mit diesem uralten germanischen Unsterblichkeitsglauben zusammenhänge. Denn das Fundament, die Grundlage des Christenthumes, seine sieghafte Kraft, mit der es alle Verfolgungen überstanden, alle Hindernisse überwältigt,

sei eben dieser Unsterblichkeitsglaube, der seine Be=
kenner mit unerschütterlicher Gewißheit erfüllt habe ....

Ein eigenthümlicher Vorwurf, der von manchen
Seiten Denen gemacht wird, die an eine Fortexistenz
der Seele nach dem Tode glauben ist, daß sie die
Tugend, das Gute um des Lohnes willen, der ihrer
nach dem Tode warte, übten.

In den Mantel einer stoischen Philosophie gehüllt,
erklären diese Gegner der Unsterblichkeit: Wir aber
wollen die Tugend nur um ihrer selbst willen üben, wir
wollen unsern Mitmenschen aus Liebe zu ihnen Gutes
thun, unbekümmert, ob uns daraus eine Belohnung,
die man die Seligkeit nennt, erwächst. Seht, wir
Wilden sind doch bessere Menschen ...

Victor sagte ganz richtig, daß dies eine Vermischung zweier Fragen sei, die gar Nichts mit
einander zu thun haben ... Aber eine Vermischung,
wie sie von flachen, halbgebildeten Naturen, die sich
unendlich erleuchtet glaubten, wenn sie Nichts glaub=
ten, geliebt werde, weil eine solche Vermischung ihrer
eignen Unklarheit entspreche ...

Das, was man Strafe oder Belohnung nach dem
Tode nenne, fasse er nämlich so auf: Ein Fortleben
nach dem Tode, ein individuelles Fortleben habe für
ihn nur dann Sinn und Bedeutung, wenn damit die
Rückerinnerung an das frühere Leben verbunden
sei; existire diese Rückerinnerung, so sei damit zugleich
das gegeben, was man Strafe oder Belohnung nenne.

Denn beide seien rein geistiger Natur. Man müsse annehmen, daß das Leben nach dem Tode ein in geistiger Hinsicht ungemein potenzirtes, gesteigertes sei. Diese Steigerung des geistigen Lebens, sowie die Unmöglichkeit den Geist durch den Körper zu betäuben, die stumme und doch so laute Sprache des Gewissens einzuschläfern enthalte das in sich, was die Phantasie unter Himmel und Hölle bildlich in den Werken der Maler und Dichter darzustellen suchte. Von diesem Standpunkt aus betrachtet, sei aber die Lohn= oder Straf=Frage nach dem Tode durch= aus nicht erst aus einem Dogma heraus zu bildendes, sondern die natürliche Folge eines unendlich klareren, durch keine irdischen Unvollkommenheiten gesteigerten Seelenlebens.

Mit diesem Gespräch beschlossen wir diesen Tag, dessen Morgen uns an dem mit Blumen bekränzten Grabe Adelen's gesehen hatte.

Johannes war und blieb verschwunden. Weder Baron Portheim, der seit den oben geschilderten Ereignissen in Paris lebte, noch Victor und Clotilde hatten seit jener verhängnißvollen Nacht irgend eine Kunde über ihn erhalten.

Da besuchte eines Tages, vielleicht drei Jahre nach den Begebenheiten, die wir in Vorstehendem treu und wahr, wie sie sich ereignet, zu erzählen versucht haben, Baron Portheim die Kirche St. Eustache in Paris. Nicht weil er das Bedürfniß nach religiöser Erbauung gefühlt hätte, sondern weil es bei der eleganten Welt eben Mode war, die Predigten eines Jesuitenpaters zu hören, der die Kanzel= beredtsamkeit des berühmten Pater Hyacinthe zu ver= dunkeln drohte.

Portheim lorgnettirte anfänglich die anwesenden Frauen, unter denen sich auch nicht wenige Damen der Demi-monde befanden, bis ihm plötzlich die Stimme des Redners auffiel, der in wildem Fanatismus gegen den revolutionären Geist des neunzehnten Jahrhunderts donnerte.

„Die Furcht des Herrn“, so sprach er u. A. „ist der Weisheit Anfang. So heißt es in der Schrift.

Aber wo finden wir die Furcht des Herrn? . . .
Ueberall erblicke ich Abfall und Empörung gegen die
heilige Kirche Gottes und die Sünde stellt wieder
frech ihre Dienerin: die Vernunft auf den entweihten
Altar.

Schon einmal hat diese unselige Stadt dies Schau-
spiel erlebt, als nackte Buhldirnen sich auf die Altäre
setzten, von denen man die Priester des Herren mit
blutiger Waffe vertrieben hatte . . .

Grauenhaft war das Gericht Gottes, das darnach
hereinbrach und in Blut wurde die Sünde gebüßt,
in Blut, Feuer und Jammer jeglicher Art . . .
Thut Buße und beugt Euch vor dem Herrn, denn
der Tag des Gerichtes ist nahe!

Ihr verlangt Zeichen und Wunder — und die
Zeichen begeben sich täglich unter Euch, aber Ihr
versteht sie nicht, weil Eure Hoffahrt Eure Augen
blind macht.

Alte tausendjährige Throne werden umgestürzt
und Königskronen zersplittern wie Glas . . .

Es ist der Finger des Herrn, der sie berührt und
vernichtet.

Wehe Euch Weibern, die Ihr Euere üppigen
Glieder in Sammet und Seide hüllt und die Ihr
die Kirche und den Statthalter des Herrn darben
lasset . . .

Es wird eine Zeit kommen, und sie ist schon
nahe, wo Ihr all' den Sündenplunder hingeben würdet,

für ein Fetzlein Hülle, so groß wie die Windel eines Kindes, um die scheußlichen Blößen Euerer sündigen Seele zu decken . . .

Wie sie dann elend, zerbrochen vor dem ewigen Gerichte stehen werden, die Hoffährtigen und Hochmüthigen, die das Wort Gottes jetzt geringer achten, denn Kleienbrod . . .

Darum beugt Euch, dieweil es noch Zeit ist, vor dem Herrn und seinen Dienern, gebet der Kirche, was der Kirche ist, denn was ihr der Kirche gebt, gebt Ihr Gott, dessen sichtbare Stellvertreterin sie auf Erden ist . . .

Wendet Euch von den Baalspriestern jener falschen Freiheit, die Euren Leib nicht retten vor der Verderbniß und Euere Seele der ewigen Seligkeit verlustig machen . . ."

Der Baron klemmte das Lorgnon fester ins Auge und betrachtete mit steigendem Interesse den Priester, dessen eingefallene Wangen, von dem Schimmer der Wachskerzen beleuchtet, in fieberhafter Erstase glühten.

„Können Sie mir Etwas über die Abkunft dieses Mannes sagen?" frug er einen neben ihm stehenden Weltgeistlichen.

„Es soll ein Deutscher sein, der erst vor Kurzem in den Schooß unserer Kirche zurückgekehrt ist."

„Parbleu!" murmelte der Baron für sich, „er ist es!"

Baron Portheim wartete bis zur Beendigung des Gottesdienstes und stellte sich dann an die Thüre der Sacristei, aus welcher der Priester treten mußte.

Endlich erschien dieser. Die Gluth der Extase war verschwunden und eine leichenfarbige Bläſſe hatte das Geſicht mit den dunkelglühenden Augen überzogen.

„Vetter Johannes", redete ihn der Baron deutsch an, indem er ihm grüßend die Hand entgegenstreckte.

Der Priester blickte auf. Eine flüchtige, aber im Nu verschwindende Röthe färbte seine bleiche Stirne.

„Sie irren sich, mein Herr, ich kenne Sie nicht", antwortete er französisch, „mein Name ist Pater Augustin."

Und ohne ein Wort weiter zu sagen, verlor er sich unter der Menge.

Verdutzt blickte ihm der Baron nach.

Epilog.

Die Todtenvögel kreisen in weiten Zügen über ein blutgetränktes Gefilde . . .

Golden scheint die Sonne und in ungetrübter Bläue wölbt sich der Himmel über dem Schlachtfeld von Mentana . . . Da liegt sie auf zerstampfter Matte die todeswunde Jugend Italiens, die dem Rufe des großen Patrioten von Caprera gefolgt war . . .

Furchtbar hat jenes Gewehr, welches das Ober= haupt Roms gesegnet, unter ihr gewüthet . . .

Wie die Aehren, welche die Sense des Schnitters getroffen, so liegen sie hingemäht in langen Reihen und aus der zerschossenen Brust sickert langsam das rothe Blut, während die Wangen immer bleicher, die Züge immer starrer und die Augen immer umflorter werden . . .

Purpurn glänzt es im Grase; es ist die Schwester der Rose von Puebla, die da emporschleßt, das blutig= rothe Vergißmeinnicht von Mentana . . .

Wie der heisere Schrei der Todtenvögel herunter tönt zu den sterbenden Kindern Italiens! . . . Wo das Aas ist, da sammeln sich die Adler . . .

Dort oben im Strahl der Abendsonne glänzen die Adler Frankreichs und unter ihrem Fittig schreibt Frankreichs General: Das Chaffepot hat sich vortrefflich bewährt . . .

Bei Gott, das hat es, diesen armen, schlechtbewaffneten Knaben gegenüber, die mit nackter Brust sich in die Bajonette der französischen Regimenter stürzten. Dort liegt auch Einer im Grase, dem das Blei des Chaffepot die Brust zerriffen . . .

Er starrt hinauf zur Sonne, während die Linke sich krampfhaft in den Rasen eingewühlt hat und seine Rechte auf der zerschoffenen Brust ruht.

Seine Zunge klebt an seinem Gaumen, die furchtbaren Qualen des Durstes auf den Tod Verwundeter peinigen ihn . . . Und Niemand, der ihm einen Tropfen Waffer reicht. Der Aasgeier dort oben, der über seinem Haupte schwebt, das einzige lebende Wesen in seiner Nähe . . .

Da, horch, da raschelt es dicht an seinem Ohre . . . Eine dunkle Gestalt im Ordensgewand der Jesuiten schlägt das Buschwerk zurück und beugt sich über den Sterbenden . . .

„Waffer", stöhnt der zum Tod Getroffene, ein .... italienisches Blut, ein Knabe von kaum sech .... ren, und seine Blicke heften sich gierig an die an einer Schnur von der Schulter

Es ist einer der Feldprediger, deren mittelalter=
licher Fanatismus die Soldaten des Vatikans zu
jenen Gräuelthaten aufstachelte, die den Tag von
Mentana zu einem der geschändetsten in der Geschichte
der Menschheit machen. „Wasser . . .“ stammelt
noch einmal die trockene, brennend heiße Lippe des
Verwundeten.

Der Priester streckt ihm das Crucifix entgegen . . .
„Thue Buße und Beichte . . . Der Zorn des Herrn
ist auf die Rotte Corah gefallen und wird sie ver=
tilgen, wie Feuer die Stoppeln . . .“

Oh! das sind die düsterglühenden Augen des
Pater Augustin aus der Kirche St. Eustache zu
Paris, das ist dieselbe unheimliche Stimme, die einst
zu Clotilde das grausame Wort über Clärchen sprach
und das Kind: ein Kind der Sünde nannte.

Und zum dritten Male murmelt der Mund des
Sterbenden: „Wasser . . .“ und die ganze Kraft
seines Lebens sammelt sich in seinen Augen, die an
der Feldflasche des Priesters hängen . . .

„Erst thue Buße und Beichte, auf daß Du nicht
dahinfährst als ein abgefallener Jerobeam, der sich
auflehnte gegen die heilige Ordnung Jehovahs . . .“

Eine Fluth fanatischen Zornes strömt aus dem
Munde des Priesters, dessen Hand das Bild des
Gekreuzigten hält . . . O, welche Gräuel hat das
Bild des Erlösers nicht schon sehen müssen, welche
Schandthaten sind in seinem Schatten verübt worden . . .

„Thue Buße — und ich will Dir das Wasser des ewigen Lebens reichen", spricht der Priester . . .

Da rafft sich der Sterbende noch einmal empor und den Mann im Priestergewande, dessen Herz härter denn Felsen ist, der für den Verschmachtenden keinen Tropfen Labung hat, mit der Hand zurück= stoßend, stöhnt er:

„Sei verflucht . . .", ein rother Strom entquillt seinen Lippen, seine Augen brechen, er sinkt zurück, noch ein Zucken über dem Körper — und seine Seele ist bei Gott! . . .

———

In einem Kloster Rom's sitzt ein wahnsinniger Mönch in seiner einsamen Zelle. Der Orden Jesu, dem er angehört, hat ihn diesem Kloster zur Obhut übergeben . . .

Die Mönche sagen, daß er einst ein berühmter Kanzelredner zu St. Eustache in Paris gewesen und daß er seiner Abstammung nach ein Deutscher sei.

Sein Wahnsinn ist, nach dem Ausspruch der Aerzte, unheilbar. Er behauptet stets von einem glühenden Durst gequält zu sein und das einzige Wort, daß er spricht heißt: Wasser. Aber er trinkt nicht — und nur mit äußerster Mühe können ihm die dienenden Brüder etwas Wein einflößen. Er wird voraussichtlich nicht lange mehr leben.